www.ingramcontent.com/pod-product-compliance
Lightning Source LLC
LaVergne TN
LVHW020448070526
838199LV00063B/4883
9789358728682

احمد علوی کی ظریفانہ شاعری
(تحقیق و تنقید)

مرتبہ:
ڈاکٹر ایم آر قاسمی (علیگ)

© Dr. M. R. Qasmi

Ahmad Alavi ki Zareefana Shaairi

by: Dr. M. R. Qasmi

Edition: May '2024

Publisher :

Taemeer Publications LLC (Michigan, USA / Hyderabad, India)

ISBN 978-93-5872-868-2

9 789358 728682

مرتب یا ناشر کی پیشگی اجازت کے بغیر اس کتاب کا کوئی بھی حصہ کسی بھی شکل میں بشمول ویب سائٹ پر اَپ لوڈنگ کے لیے استعمال نہ کیا جائے۔ نیز اس کتاب پر کسی بھی قسم کے تنازع کو نمٹانے کا اختیار صرف حیدرآباد (تلنگانہ) کی عدلیہ کو ہوگا۔

© ڈاکٹر ایم آر قاسمی

کتاب	:	**احمد علوی کی ظریفانہ شاعری**
مرتب	:	**ڈاکٹر ایم آر قاسمی (علیگ)**
پروف ریڈنگ / تدوین	:	اعجاز عبید
صنف	:	تحقیق و تنقید
ناشر	:	تعمیر پبلی کیشنز (حیدرآباد، انڈیا)
سالِ اشاعت	:	۲۰۲۴ء
صفحات	:	۱۱۶
سرورق ڈیزائن	:	تعمیر ویب ڈیزائن

فہرست

(۱)	یوسف ناظم	6
(۲)	فاروق ارگلی	7
(۳)	پروفیسر توقیر احمد خاں	20
(۴)	ڈاکٹر خالد حسین خاں	32
(۵)	افتخار امام صدیقی	43
(۶)	حقانی القاسمی	49
(۷)	صبیحہ شکیل	51
(۸)	ساحل احمد	55
(۹)	منظور عثمانی	59
(۱۰)	ڈاکٹر امتیاز وحید	66
(۱۱)	طالب زیدی	73
(۱۲)	نصرت ظہیر	80
(۱۳)	مہمینہ خاتون	84
(۱۴)	ڈاکٹر فریاد آزر	90
(۱۵)	عادل صدیقی	98
(۱۶)	سعید اختر اعظمی	107
(۱۷)	شہباز ندیم ضیائی	112

فنِ ظریف کا عظیم سخنور: احمد علوی

یوسف ناظم

(معروف انشائیہ پرداز ظرافت نگار نقّاد)

احمد علوی میرٹھ کے باشندے ہیں، ان کی پرورش میرٹھ اور پیدائش بلند شہر جیسے بلند و بالا شہر میں ہوئی ان دونوں شہروں کی مٹی اور پانی سے احمد علوی کی مزاح گوئی کی پرورش و پرداخت ہوئی۔ آج کل مزاح گوئی پر صحافیانہ رنگ چھایا ہوا ہے جب تک کسی بڑے آدمی یا پھر کسی بڑے واقعے کا ذکر مزاحیہ قطعے یا شعر میں نہ ہو سامعین میں ہلچل یا تہلکہ نمودار نہیں ہوتا۔ لیکن یہ بدعت نہیں ضرورت ہے اور احمد علوی نے اس ضرورت کی تکمیل میں دل کھول کر حصہ لیا ہے۔ شوخی بھرے مزے مزے کے شعر کہنے میں ان کا دل لگتا ہے اور واہ واہ سننے کے لئے ہمہ تن گوش رہتے ہیں خوش رہنا اور خوشی کے چند لمحے لوگوں میں بانٹنا میرے حساب سے کارِ خیر ہی نہیں کارِ ثواب بھی ہے۔ ان کی شاعری طمانچوں کی نہیں دبی دبی آنچوں کی شاعری ہے ہنسی ہنسی میں علوی بہت کچھ کہہ جاتے ہیں۔ ان کی مصروفیات بہت ہیں لیکن وہ جانتے ہیں ان میں سب سے اچھی مصروفیت مزاح گوئی ہے علوی کی نظم "شیطان کا شکوہ" پڑھیے اور ازراہِ کرم بتایئے کہ یہ کس کا شکوہ ہے، اور ہاں مزاح گوئی میں ترقی کی گنجائش زیادہ ہے۔

***

فاروق ارگلی

(معروف شاعر، ادیب، دانشور کالم نویس)

راقم الحروف کو دلّی کے طنزیہ مزاحیہ اردو شاعروں پر لکھنا تھا، سواس چکّر میں شاعر شماری شروع کر دی۔ ماشاء اللہ سینکڑے سے اوپر سکّہ بند مہر بند سنجیدہ شعر کہنے والے نکلے، غزل کے کئی کاریگر اور اسیمبلنگ و مرمت کرنے والے دیسی، دساوری، عروضی معروضی استادِ فن بھی چار چھے ہاتھ آ گئے، پانچ سات نظم اور رباعی والے بھی دریافت ہوئے، مگر معروف و غیر معروف اور قدرے کم معروف شاعروں میں بسیار تلاش کے باوجود مزاحیہ شاعر ڈھائی یا پونے تین سے زیادہ دستیاب نہ ہوسکے، اس کی وجہ یہ بتائی گئی کہ آج کل دہلی شہر کا موسم لڑنے جھگڑنے، اکڑنے جلنے سڑنے اور رونے بسورنے کے لئے ہی سازگار ہے۔ ہنسنے ہنسانے والے محترم و محترماؤں کی پیداوار ایک مدّت سے بند ہے۔ کہیں کوئی نظر آ جائے تو عجوبہ ہی سمجھو، لہٰذا جو ان دنوں دلّی کی سنجیدہ و رنجیدہ فضاؤں میں طنزیہ مزاحیہ شاعری کی لاج رکھے ہوئے ہیں ان میں ایک عجوبہ احمد علوی ہیں۔

میاں احمد علوی جو اس لحاظ سے بھی عجوبہ ہیں کہ آج کے زمانے میں جب تخلیقات کے سوتے تقریباً خشک ہو چکے ہیں، دور دور تک فنِ خالص کا شائبہ بھی نظر نہیں آتا ان کے کلام میں وہ ساری خوبیاں نظر آ رہی ہیں جو اردو کی فکاہیہ شاعری کے اکابرین سے وابستہ ہیں۔ ان کے مصرعے مصرعے سے شوخیِ طبع اور تیز طرار ذہانت کے پٹاخے چھٹتے

محسوس ہوتے ہیں۔ مضامین اور مسائل کی افراط اور تنوع وسعتِ فکر کا پتہ دیتے ہیں۔

احمد علوی کو ظرافت تو جیسے اللہ میاں نے خاص طور پر عطا کی ہے کیونکہ وہ کسی بھی بات میں مضحک سچویشن پیدا کر لینے کی صلاحیت رکھتے ہیں۔ لیکن صرف ہنسنا یا ہنسانا ہی احمد علوی کا ظرافتی مطمع نظر نہیں، ان کی شاعری گدگداتی ہی نہیں انسانی زندگی کے تلخ حقائق اور ناگزیر مسائل کو لیکر دلوں کو جھنجھوڑتی بھی ہے۔ مزاحیہ شاعر کا بنیادی کام ہنسنا ہنسانا لیکن احمد علوی مزاح سے زیادہ طنز کے شاعر ہیں۔ سماج کا کوئی ایسا کردار ان کے شدید ترین طنز کے وار سے بچ نہیں سکتا جس کی چال سیدھی نہ ہو یا جس کا طرز عمل منفی ہو۔ برجستگی اور بے باکی احمد علوی کی خصوصیت ہے، وہ ایک ماہر نشانے باز کی طرح اپنے شکار پر جھپٹنے کی ہمت رکھتے ہیں، خواہ وہ کتنی ہی بڑی سیاسی شخصیت کیوں نہ ہو پولس ہو، عدلیہ ہو، اگر کچھ غلط نظر آتا ہے تو ضمیر کی تمام تر صداقتوں کے ساتھ ردّ عمل کا اظہار فرضِ منصبی کی طرح ادا کرنے سے قید و بند ہی کیا جان تک کا خطرہ انہیں باز نہیں رکھ سکتا۔ گجرات کے مسلم دشمن وزیر اعلیٰ نریندر مودی پر براہِ راست شاعرانہ حملہ دیکھیے۔

سرخ گجرات میں کیسر کی ہے رنگت یارو
کتنی مکروہ ہے ووٹوں کی سیاست یارو
کام یہ سیکھیے جا کر نریندر مودی سے
کس طرح ہوتی ہے لاشوں پہ حکومت یارو

ہمارا عدلیہ اس ملک میں رہنے والے ہر ذی نفس کے لئے قابلِ احترام ہے، عدلیہ کے ہر فیصلے پر حکومت سے لیکر عوام تک ہر کسی کا سر خم ہے عدلیہ پر تنقید یا نکتہ چینی سنگین جرم بھی ہے لیکن جب عدلیہ کی جانب سے داڑھی کو طالبانی سمبل کہا جاتا ہے تو احمد علوی کے اندر کا شاعر خطرے سے بے نیاز یہ کہے بغیر نہیں رہتا۔

مبارک ہو نیائے مورتی کو
تمہارے نیائے کا کوئی ہے ثانی
اگر داڑھی ہے طالبانی سمبل
تو ہے پی ایم اپنا طالبانی

عراق میں لاکھوں مسلمانوں کا خون بہانے والے امریکی صدر جارج بش پر ایک غیرت مند مسلمان صحافی نے جوتا پھینک کر اپنے زخمی جذبات کا اظہار کیا تو اس تاریخی واقعے پر احمد علوی نے اپنی رائے ظاہر کی۔

وہ ہے دنیا کا نامور غنڈہ
اس پہ تنقید کس کے بوتے کی
اس کو کیسے کہوں سپر پاور
جس کی اوقات ایک جوتے کی

ملکی سیاست زوال کی انتہائی پستی میں آگری ہے، اس صورتِ حال میں لیڈروں کی قسمیں بھی کئی طرح کی پائی جانے لگی ہیں، علوی ان میں چند کی نشاندہی بڑے صاف لفظوں میں کرتے ہیں۔

پی کر لہو عوام کا ہوتے ہیں سرخ رو
بے جان ساری قوم ہے لیڈر میں جان ہے
آساں ہے پتہ رہبرانِ ملک و قوم کا
بستی میں صرف ایک ہی پختہ مکان ہے

عاشق و معشوق کے جدید مرقعوں کے "انسان نما" گدھوں اور بے وقوفوں کے علاوہ عہدِ حاضر کی مقتدر سیاسی ہستیوں میں بش، صدام، مشرف، اور بعض ملکی لیڈروں

کے پیکر بھی نظر آتے ہیں۔ بد عنوان سیاسی لیڈروں کی موقع پرستی، ملّت فروشی، اور جہالت کا پردہ فاش بھی کیا ہے ان کا کہنا ہے جو جتنا بڑا غنڈہ یا جاہل ہو گا اتنا بڑا لیڈر ہو گا۔ یہ بے غیرت ہوتے ہیں، انتخاب جیتنے کے بعد عوام کی نمائندگی نہیں کرتے۔ ووٹ لینے کے وقت ساری دنیا کو اپنا بنانے میں لگے رہتے ہیں۔ آج کے ایسے ہی لیڈروں کی خصوصیت دیکھیے:

بھیک میں شہ نوازی بدل جائے گی
عیش و عشرت بھرے سارے دن جائیں گے
ہم نے گجرات پر منہ جو کھولا کبھی
سارے دونے ملائی کے چھن جائیں گے

جو اپنے باپ کو کہتا نہیں ہے اپنا باپ
چچا پڑوسی کو اپنے وہ کہہ نہیں سکتا
جو اپنی قوم کا غدّار ہو وہ دنیا میں
کبھی کسی کا وفادار رہ نہیں سکتا

ووٹ بیوی سے نہ سالی نہ پڑوسن سے ملے
غیر تو غیر تھے اپنوں کا سہارا نہ ہوا
ہم سے ہارے ہوئے لیڈر نے کہا رو رو کر
"اس بھری دنیا میں کوئی بھی ہمارا نہ ہوا"

جے للیتا پہ نہ سکھ رام پہ رونا آیا
سی بی آئی کے ہر اک کام پہ رونا آیا
جیل میں ہونا تھا جن کو ہیں وہی سنسد میں

اے سیاست ترے انجام پہ رونا آیا
ان امیروں سے کچھ نہ رکھنا آس
کچھ نہیں کچھ نہیں ہے ان کے پاس
یہ سمندر کی طرح ہوتے ہیں
یہ بجھاتے نہیں کسی کی پیاس

تم سیاست میں رہو گے زیرو
اور کر لو گے شخصیت مشکوک

وہ سیاست میں نام پاتے ہیں
جن کی ہوتی ہے ولدیت مشکوک

انہیں ہتھیلی پہ سرسوں جمانا آتا ہے
شریف لوگوں سے ان کی دعا سلام نہیں
زمیں کی طرح گھما دیں یہ آسمان کو بھی
ابھی فلک کو پڑ الیڈروں سے کام نہیں

قاتلوں میں مقام رکھتا ہوں
قابلیت تمام رکھتا ہوں
میں بھی حقدار ہوں وزارت کا
اپنے سر پہ انعام رکھتا ہوں

میں سب کچھ ہوں مگر جھوٹا نہیں ہوں
خدا کے فضل سے نیتا نہیں ہوں
شہیدوں کے کفن تک بیچ کھاؤں

کمینہ ہوں مگر لگتا نہیں ہوں

پوٹا نامی سیاہ قانون نے بطور خاص مسلمانوں کے ساتھ بہت ظلم کیا پولس اور انتظامیہ میں جانب دار اور فرقہ پرستی کی بدترین مثالیں دنیا کے سامنے آتی ہیں، احمد علوی نے پوٹا قانون اور پولس کی ستم ظریفی کو اس طرح بیان کیا ہے۔

بنا لے ہاتھ سے روٹی چھپا کے رکھ دے یہ بیلن
پولس بیلن کو تیرے اے کے سینتالیں بنا دے گی
برآمد ہو گیا چاقو اگر سبزی کترنے کا
پولس اس جرم میں ہم دونوں پہ پوٹا لگا دے گی

ملکی سیاست کو احمد علوی نے ہر رخ سے دیکھا اور اس پر طبع آزمائی کر کے اپنی طنزیہ صلاحیتوں کا مظاہرہ کیا ہے۔ بد عنوان اور مفاد پرست مسلم سیاسی، سماجی ملّی رہنماؤں کو انہوں نے خاص طور پر ہدف بنایا ہے۔ علامہ اقبال کی شہر آفاق نظم شکوہ کے رنگ میں ایک طویل نظم "اقبالِ جرم" اس قدر موثر اور تیکھی تخلیق ہے جو حقیقتاً آنے والے وقتوں میں ادبِ عالیہ میں شمار ہو گی۔ یوں تو انہوں نے متعدد طنزیہ نظمیں مختلف موضوعات پر کہی ہیں لیکن ایک نظم پیش گوئی ایسی ہے جو آج کی پوری ہندوستانی سیاست اور طرز حکومت کی برہنہ تصویر پیش کرتی ہے، اس نظم کی وجہ نزول بیان کرتے ہوئے علوی لکھتے ہیں:

۱۹۴۷ء میں ہندوستان کی آزادی کا بل برطانیہ کی پارلیمنٹ میں اس وقت کے وزیر اعظم کلیمینٹ ایٹلی نے رکھا تھا اس پر بحث کرتے ہوئے برطانیہ کے وزیر اعظم رہے ونسٹن چرچل نے ایک تقریر کی تھی اس تقریر کو اس نظم پیش گوئی میں من و عن پیش کرنے کی کوشش ہے۔

جو اپنے لیڈران میں اعلیٰ صفات ہیں
سمجھیں نہ آپ یہ کہ سبھی واہیات ہیں
ہے ان خصوصیات کی تاریخی اہمیت
سب پر عیاں ہے ہند کے لوگوں کی ذہنیت
چرچل کا قول جیسے کہ پتھر پہ ہے لکیر
اس پیش گوئی سے بھی تو جاگا نہیں ضمیر
جب ہند کی آزادی کا بل پیش ہوا تھا
کیا رہبرانِ قوم کو چرچل نے کہا تھا
برٹش کی پارلیمینٹ میں چرچل نے یہ کہا
ہندوستاں چلانے کا کس میں ہے حوصلہ
یہ اقتدار ڈاکوؤں چوروں کو جائے گا
کچھ رہزنوں کو اور لٹیروں کو جائے گا
جس کو بھی اقتدار کی بخشو گے ملائی
بنیا بھی وہ بن جائے گا اس وقت قصائی
کیسا لباس کھال کھنچے گی عوام کی
جمہوریت بھی ہو گی تو ہو گی وہ نام کی
لیڈر کے پاس ہوں گے خزانے ہی ملک میں
خوش حال ہوں گے چند گھرانے ہی ملک میں
بے وزن ہیں لیڈر یہاں تنکے سے زیادہ
جن کو یہ اقتدار ہے دینے کا ارادہ

جینا محال ہوگا وہاں پر عوام کا
لیڈر نہ مل سکے گا تمہیں کوئی کام کا
آپس میں اقتدار کی وہ ہو گی لڑائی
آزاد لوگ دیں گے غلامی کی دہائی
تعبیروں پہ خوابوں پہ کہانی پہ ہو گا ٹیکس
صہبا کی بات چھوڑیے پانی پہ ہو گا ٹیکس
بچوں کے بسکٹوں پہ لگا دیں گے ٹیکس یہ
انسان کی سانسوں پہ لگا دیں گے ٹیکس یہ
لوٹیں گے دونوں ہاتھ سے مفلس عوام کو
ناقص ملیں گے راہبر ناقص عوام کو
محنت کشوں کے گھر میں اندھیرا ہی رہے گا
قسمت میں ہر غریب کے فاقہ ہی رہے گا
اولاد لیڈران کی لندن میں پڑھے گی
امریکہ میں جاپان میں جرمن میں پڑھے گی
مفلس کے لئے ملک میں اسکول نہ ہوں گے
ہوں گے بھی میّسر تو وہ معقول نہ ہوں گے
یہ ہندو مسلماں کو لڑائیں گے ملک میں
اور اپنی کرسیوں کو بچائیں گے ملک میں
لوٹیں گے مزا ملک میں بس چند مفت خور
چرچل نے کہا کیجئے باتوں پہ میری غور

بے رنگ اس تصویر میں رنگ ہم نے بھر دیا

چڑ چل کے ہر اک لفظ کو سچ ہم نے کر دیا

احمد علوی کی ایک خوبی یہ بھی ہے کہ ان کی طنزیہ مزاحیہ شاعری کی عمر ایک دہائی سے زیادہ نہیں، اس سے پہلے وہ سنجیدہ شاعری کے میدان میں اپنی شہرت اور مقبولیت کے پرچم بلند کر چکے تھے ان کی خوبصورت غزلوں کا مجموعہ "صفر" ۱۹۹۲ء میں شائع ہوا تھا، جس کا شہرہ پوری اردو دنیا میں ہوا تھا ان کے چند سنجیدہ اشعار بھی دیکھ لیجئے جو اپنی معنویت اور نئی غزل کے معیارات کے تناظر میں ہمیشہ زندہ رہنے والے ہیں۔

کہتے ہیں کسے غم کا سمندر نہیں دیکھا

تو نے کبھی اپنوں سے بچھڑ کر نہیں دیکھا

دل کو کسی کی یاد سے خالی نہ کیجئے

آسیب رہنے لگتے ہیں خالی مکان میں

تعلقات بھی ریشم کی طرح ہوتے ہیں

الجھ گئے تو سرا عمر بھر نہیں ملتا

دل اگر پھول نہ تھا کانچ کا ٹکڑا ہوتا

توڑنے والے کو اک زخم تو آیا ہوتا

ایک پل نہ ٹھیریں گے دوستی، وفا، چاہت

تم یہ اوس کے قطرے آنچ پر اگر رکھ دو

کل شب جب کچھ لوگوں نے ان معصوموں کو قتل کیا

حیرت ہے بس کتّے بھونکے انسانوں کی بستی میں

احمد علوی نے ادب اور خاص طور پر کلاسیکی شاعری کا گہرا مطالعہ کیا ہے، اپنے کلام

میں انہوں نے زبان کے حسن اور شعر کے فنی لوازمات کو بڑی ایمانداری سے برتا ہے بقول پروفیسر توقیر احمد خاں۔

عمدہ شاعری کرنے کے لئے شاعری کے فن کو بخوبی جاننا ضروری ہے چنانچہ احمد علوی کی شاعری کا جو نمونہ ہمارے سامنے ہے اس میں شاعر نے شاعری کے اصول یعنی عروض و بلاغت کو ترجیح دی ہے۔ اور اپنے خیالات کے اظہار کے لئے جو راستہ اختیار کیا ہے وہ اردو کی کلاسیکی شاعری سے ماخوذ ہے ہمارے کہنے کا مقصد یہ ہے کہ احمد علوی کی شاعری میں شعری ہیئت یعنی فارم کے وہ نمونے نظر آتے ہیں جو ہماری شاعری کا مایا ناز سرمایا ہیں۔ انہوں نے سہل پسندی اور احتراز سے کام نہیں لیا ہے بلکہ محسوس کیا ہے کہ شاعری کے فنی ایجاز میں محصور رہ کر لذت و مسرت کے سامان کا اعجاز مہیّا کیا جاسکتا ہے شاید اسی لئے انہوں نے شاعری کی مختلف اصناف سخن کے فارم کو اپنایا ہے۔ انہوں نے مثنوی، قصیدہ، قطعہ، مسدّس وغیرہ میں طبع آزمائی کی ہے۔ اور شعری ہنر مندی کے ساتھ اردو شاعری کے جامع بلیغ ذرائع کی صورت میں کیا ہے۔

احمد علوی کی پیدائش قصبہ گلاؤ ٹھی ضلع بلند شہر میں ۱۵ ستمبر ۱۹۵۶ء کو ہوئی ابتدائی تعلیم میرٹھ میں حاصل کی پرائیویٹ طور پر گریجویشن کیا لکھنے اور شعر کہنے کا شوق عنفوان شباب سے ہی تھا شاعری میں استاد شاعر عظمت کاظمی کے شاگرد ہوئے۔ ان کی پہلی ادبی تخلیق ایک مزاحیہ ڈرامہ "ٹماٹر کے چھینٹے" تھی اس ڈرامے کے ہندوستان اور بیرون ملک میں سو سے زیادہ شوز ہوئے اور بے حد مقبول ہوا۔ ۱۹۹۲ء تک میرٹھ میں مقیم رہے بعد میں دہلی آگئے اور ہندی صحافت سے وابستہ ہوگئے۔ یہ صرف روزی روٹی کا وسیلہ تھا ذہنی طور پر وہ اردو شاعری سے ہی وابستہ رہے دہلی آنے کے بعد انہوں نے اچانک طنزیہ مزاحیہ شاعری کے میدان میں قدم رکھ دیا اور اس تیز رفتاری سے آگے

بڑھے کہ لوگ حیران رہ گئے۔ 2009ء میں ان کا پہلا مزاحیہ شعری مجموعہ "طمانچے" شائع ہوا دہلی اردو اکادمی سے اس مجموعے کو انعام حاصل ہوا کئی ادبی انجمنوں نے انہیں ایوارڈ و اعزازات سے سرفراز کیا صرف تین سال بعد ان کے طنزیہ مزاحیہ کلام کا ایک شاندار مجموعہ "پین ڈرائیو" منظر عام پر آیا جسے مبصرین نے عصری طنزیہ مزاحیہ شاعری میں گرانقدر اضافہ قرار دیا احمد علوی کی مزاحیہ شاعری کا پورا لطف تو مشاعروں میں سن کر یا ان کے مجموعوں میں پڑھ کر ہی لیا جاسکتا ہے اس مختصر تذکرے میں تو بس کچھ نمونے ہی دیکھنے کو مل سکتے ہیں:

نہ بیویوں سے نہ یہ بیلنوں سے ڈرتے ہیں
مشین گن سے نہ ایٹم بموں سے ڈرتے ہیں
عدالتوں سے بھی خائف نہیں کئی لیڈر
مگر چھپے ہوئے کچھ کیمروں سے ڈرتے ہیں

ہر قدم پر تھا زمانے میں ہجوم دلبراں
اور کچھ پھولوں کو پا لینا تجھے آساں بھی تھا
تو ہی ناداں ایک بیوی پر قناعت کر گیا
ورنہ گلشن میں علاجِ تنگیِ داماں بھی تھا

ہزاروں کوششوں کے بعد بھی جب ایک بچے کو
کسی صورت نہ کر پائے حکیم و ڈاکٹر پیدا
تبھی اک ماہر اقبال نے ارشاد فرمایا
"بڑی مشکل سے ہوتا ہے چمن میں دیدہ ور پیدا"
آج کل یورپ کے ہر اک شہر میں

ہو رہی ہیں شادیاں ای میل سے
ہم مگر ہیں آج تک بچھڑے ہوئے
کر رہے ہیں شادیاں فی میل سے

آخر میں یہ تبسم ریز جگاڑو اشعار بھی ملاحظہ ہوں:

غلط کہے کہ صحیح اس کو تم بجا سمجھو
زبانِ زوجہ کو نقّارہ خدا سمجھو

یہ فرما کر گئے ہیں شاعری میں شاعر مشرق
نکاحِ مردِ مومن سے بدل جاتی ہیں تقدیریں

میں شاہراہ نہیں راستے کا گڈھا ہوں
یہاں سوار بھی پیدل اتر کے چلتے ہیں

اک ہاتھ میں چپل ہے تو اک ہاتھ میں سینڈل
ہوتا ہے شب و روز تماشہ مرے آگے

فرق ٹی وی اور بیوی کا بتاتا ہوں تمہیں
ایک میں ہے کنٹرول اور ایک ہے بے کنٹرول

جیب کٹنے کا سبب پوچھو نہ سب کے سامنے
نام آئے گا تمہارا یہ کہانی پھر سہی

احمد علوی کی طنزیہ فکاہیہ شاعری کا سفر تیزی سے جاری ہے۔ مشاعروں میں قہقہے برسا رہے ہیں مزاحیہ شاعری کا نیا مجموعہ "پین ڈرائیو" جو منظر عام پر آچکا ہے فلموں اور الیکٹرونک میڈیا سے بھی دلچسپی ہے فیچر فلم کالی رات اماوس کی اور بنگال کی انار کلی کی کہانی مکالمے اور نغمے تحریر کر چکے ہیں فلمساز بر کھارائے اور ترون ماتھر کی ہدایت کاری میں ابنِ

صفی کے ناولوں پر ۱۰۴ قسطوں پر مشتمل ٹی وی سیریل ڈی ڈی اردو سے منظور ہو چکا ہے ٹماٹر کے چھینٹے کے علاوہ ایک ڈرامہ مسٹر غالب اور سوکھا سمندر بھی لکھے جو اسٹیج ہو چکے ہیں۔

***

پروفیسر توقیر احمد خاں

(صدر شعبہ اردو دہلی یونیورسٹی دہلی)

طنز و مزاح شاعری کی جان ہے، یہ امر اظہر من الشمس ہے کہ آج کل مشاعروں میں مزاحیہ شاعروں کو سب سے زیادہ پسند کیا جاتا ہے۔ بلکہ یوں کہا جائے تو زیادہ بہتر ہو گا کہ کشش کا باعث یہی طنز و مزاح نگار ہوتے ہیں، جن مشاعروں میں طنز و مزاح کے شاعر زیادہ ہوتے ہیں سامعین کی بھیڑ امنڈ پڑتی ہے۔ اگر یہاں شعری لحاظ سے غور کریں تو ان مشاعروں میں اکثر تعداد ایسی ہو گی جو محض وقتی طور پر غم دوراں سے آزاد کر کے ہونٹوں پر تبسم بلکہ قہقہے کی گونج پیدا کر دیں۔ ان میں لطیفہ گو انداز کے شاعروں کی کثرت ہے، مائیک پر شعر پڑھا اور ہوا میں اڑ گیا۔ لیکن ان کے ساتھ ان شعراء کے جمگھٹ میں بعض ایسے بھی ہیں، جنھوں نے اپنی پر مزاح شاعری سے دلشاد بھی کیا ہے اور اس کا نقش کتابی شکل میں چھوڑا بھی ہے۔ اس نوع کے ظریف البیان شاعروں میں احمد علوی کا نام سر فہرست ہے، مشاعروں کی شرکت کے علاوہ ان کے کلام کا ایک تازہ مجموعہ "طمانچے" کے عنوان سے شائع ہو کر منظر عام پر آچکا ہے۔ کتاب کا عنوان ہی ایسا ہے 'کہ 'طمانچے" کا لفظ سن کر ہی ذہن اس طرف متوجہ ہوتا ہے کہ یک لخت ہنسی آجاتی ہے۔ پہلی نظر کا یہ تاثر کسی مزاح نگار کی کامیابی کی دلیل ہے۔ اس کا مطلب یہ ہے کہ طنز و ظرافت کا علم بردار اپنے فن سے بخوبی واقف ہے۔ اسے معلوم ہے کہ سامع کو خوش کرنے کا کیا طریقہ ہے اور کس طرح دل کو بلّیوں اچھلنے کے لئے مسخر کیا جاسکتا ہے۔

"طمانچے" کی شاعری پر نظر ڈالنے سے یہ راز منکشف ہوتا ہے۔ کہ شاعر نے شاعری کے اصول اور لوازم کو سیکھا ہے اور محسوس کیا ہے۔ عمدہ شاعری کرنے کے لیے شاعری کے فن کو بھی جاننا ضروری ہے۔ چنانچہ احمد علوی کی شاعری کا جو نمونہ ہمارے سامنے ہے۔ اس میں شاعر نے شاعری کے اصول عروض و بلاغت کو ترجیح دی ہے۔ اپنے خیالات کے اظہار کے لیے جو راستہ اختیار کیا ہے وہ اردو کی کلاسیکی شاعری سے ماخوذ ہے، ہمارے کہنے کا مقصد یہ ہے کہ احمد علوی کی شاعری میں شعری ہیئت یعنی فارم کے وہ نمونے نظر آتے ہیں، جو ہماری شاعری کا مایۂ ناز سرمایا ہیں۔ انہوں نے سہل پسندی اور احتراز سے کام نہیں لیا ہے بلکہ محسوس کیا ہے کہ شاعری کے فنّی ایجاز میں محصور رہ کر لذت و مسرت کے سامان کا اعجاز مہیا کیا جا سکتا ہے۔ شاید اسی لیے انہوں نے شاعری کی مختلف اصنافِ سخن کے فارم کو اپنایا ہے۔ انہوں نے مثنوی، قصیدہ، قطعہ، اور مسدس وغیرہ میں طبع آزمائی کی ہے۔ اور شعری ہنر مندی کے ساتھ اردو شاعری کے جامع اور بلیغ ذرائع کی صورت میں کیا ہے۔ احمد علوی کی شاعری پر نظر ڈالنے سے محسوس ہوتا ہے کہ انہوں نے اپنی شاعری میں معروف لطیفوں شعروں مصرعوں فقروں سے بھی کام لیا ہے۔ اس کے ساتھ ساتھ انہوں نے خود اپنی بات میں مزاح کا رنگ بھرنے کی کوشش کی ہے۔ ان کی نظر ایک ماہر طبیب یا جراح کی طرح کام کرتی ہے۔ جو سوسائیٹی کے معائب اور محاسن پر نظر رکھتا ہے۔ انہوں نے نظیر اکبر آبادی کے اشعار پر تضمین بھی کی اور اقبال کی نظم "شکوہ" کی پیروڈی بھی کی اور وقت اور حالات کی پکار پر ہزلیں بھی لکھی ہیں۔ حمد جیسی صنف میں کیا مزے مزے کی باتیں کی ہیں۔

ہوئی خستہ بیگم سیم تن تری شان جل جلالہ
مجھے بخش دے کوئی گل بدن تری شان جل جلالہ

میں اہل ہوں پھول کپاس کا مر اوزن کے جی پچاس کا
مری اہلیہ مگر ایک ٹن تری شان جل جلالہ

احمد علوی کی شاعری میں میاں بیوی کا پیکر بطور خاص مستعمل ہے۔ دونوں پیکر جیتے جاگتے اور اسی دنیا کے ہیں۔ یہ دونوں سوسائیٹی کے مہذب اور شائستہ نمونے نہیں ہیں بلکہ ہماری تہذیب اور روایات کے خلاف مسخ شدہ تصویریں ہیں، جو مشرقی روایات کی پاسدار نہیں ہیں یہ وہ پیکر ہیں جو اپنی اقدار اور وقار کو کھو چکے ہیں۔ اور عصر حاضر کی رو میں بہہ کر نئی تہذیب کا نمونہ بن گئے ہیں۔ نئی روشنی اور نو دولتیوں کی اس روش پر طنز وظرافت سے کام لینا اور اپنی شاعری میں لطف پیدا کرنے سے محسوس ہوتا ہے کہ شاعر ان کارناموں سے خوش نہیں ہے۔ احمد علوی خود مشرقی روایات اور مشرقی اقدار کے پاسدار ہیں۔ اس لیے انہیں ڈگر سے ہٹے ہوئے یہ جوڑے نامانوں لگتے ہیں، جنہیں وہ بڑی خوبی و کامیابی سے اپنے طنز کا ہدف بناتے ہیں۔ اس زمانے کے میاں بیوی میں پیار محبت مفقود ہے۔ شوہر بیوی سے اور بیوی اپنے باغی شوہروں سے بیزار ہیں۔ زندگی کا سفر باسانی منزل مقصود تک نہیں پہونچ پارہا ہے۔ مغربی تہذیب نے ایشیا کی پرانی زندگی کو درہم برہم کر کے رکھ دیا ہے۔ اب نہ بیوی خدمت گذار ہے اور نہ شوہر وفادار۔ دونوں میں عجیب قسم کی رقابت اور منافرت پیدا ہو گئی ہے۔ شوہر عہد حاضر کی پڑھی لکھی اور آزاد منش بیویوں سے کس قدر عاجز آ گئے ہیں اس کا اندازہ احمد علوی کے مندرجہ ذیل اشعار سے لگایئے جو انہوں نے ایک نظم بعنوان "اشتہار" میں رقم کیئے ہیں۔

ایک دن دل میں خیال آیا چلو شوہر بنیں
خوبصورت خوب سیرت کوئی بیوی ڈھونڈ لیں
اس غرض سے دے دیا اخبار میں اک اشتہار

ایک بیوی چاہیئے ہو خوبرو و ہوشیار
سارے بھارت سے ملے خط یارو مجھ کو بے شمار
ایک بھی خط سے نہ آئی خوشبوئے انفاسِ یار
شوہروں نے سارے خط لکھے تھے اپنے خون سے
میں پریشاں اس قدر ہوں آج کی خاتون سے
ایک ہی جملہ لکھا تھا سب خطوں میں بار بار
میری بیوی لیجئے احسان مانوں گا ہزار

آج کل شوہر اپنی بیویوں کے حقوقِ زوجین ادا کرنے سے قاصر ہیں۔ آپس کے افتراق نے دونوں کو ایک دوسرے سے الگ کر رکھا ہے۔ وہ زندگی کی راہ میں ساتھ دینے والی بیوی سے گریزاں ہیں۔ اور بیویوں کو کرائے کی سواری کی طرح ٹریٹ کر رہے ہیں۔ احمد علوی نے "منھ بولی بیوی" عنوان کے تحت قطعے میں لکھا ہے۔

مری راتیں ہوئیں ویران یارو
ترس کھایا نہیں حالت پہ میری
ملے منھ بولے بھائی بہن کتنے
ملی نہ آج تک منھ بولی بیوی

یہ اہلِ زمانہ کا رویہ ہے کہ بیوی بھی کام چلاؤ چاہتا ہے یعنی ذمے داریوں سے بھاگ رہا ہے۔ نئی روشنی اور نئی تعلیم نے میاں بیوی کے رشتے کو اس درجہ بدل کر رکھ دیا ہے کہ نہ شوہر شوہر رہ گیا ہے، نہ بیوی بیوی دیکھئے بے راہ روی اور غیر ذمہ دارانہ بے غیرتی پر کتنا زبردست طنز کیا ہے احمد علوی نے۔

آج ہیں شادی شدہ ہم ایک پتنی کے پتی

ہم تھے برسوں سے کنوارے مہربانی آپ کی
ساری کوشش دوستوں کی سب کرم ہے آپ کا
اب ہیں چھ بچے ہمارے مہربانی آپ کی

یہ بیزاری اور تنگدلی یک طرفہ نہیں بلکہ دونوں طرف سے ہے جس طرح شوہر بیویوں کے رویوں سے تنگ ہیں اس سے کہیں زیادہ بیویاں اپنے شوہروں سے تنگ آچکی ہیں۔ اور اس مجبوری اور محکومی نے اُنہیں حدیں توڑنے پر مجبور کر دیا ہے۔ اور یہ تحفہ عہدِ حاضر کی دین ہے۔ جس پر ہر ناجائز کو جائز کا درجہ حاصل ہے، یا یوں سمجھ لیجئے اس معاشرے میں جائز ناجائز کچھ نہیں نذر ایم۔ آر قاسمی قطعے میں کہتے ہیں۔

ایک دن بیوی نے یہ اپنی سہیلی سے کہا
اک عدد شاعر غزل کا مفت ہے گر چاہئیے
آج اپنی فالتو چیزیں جدا کرتی ہوں میں
ہے کوئی ایسی کہ جس کو میرا شوہر چاہیئے

بیوی اپنا شوہر گفٹ میں دینے کو تیار ہے یہ تو بہت معمولی بات نظر آتی ہے اگر آپ بیوی کا خط اپنے شوہر کے نام پڑھیں تو کانوں پر ہاتھ رکھ لیں۔ شادی کر کے بیوی کو چھوڑ کر ممالک غیر میں کمائی کرنے والوں کے منھ پر یہ زبردست طمانچہ ہے، آج کل یہ رواج عام ہے کہ شادی کرتے ہیں اور بیوی کو سسرال چھوڑ کر باہر نکل جاتے ہیں، جس کے بعد واپس آنے میں مہینے نہیں برس لگ جاتے ہیں۔ برسوں پہلے پردیس گئے اپنے شوہر کو بیوی خط لکھتی ہے۔

شوہر کو اپنے بیوی نے اک خط میں یہ لکھا
دل آپ کی چاہت میں بہت بے قرار ہے

پر دیس میں گئے تمہیں دس سال ہو گئے

جب سے گئے ہو اب کے نہ چٹھی نہ تار ہے

تم آؤ یا نہ آؤ مگر خرچ تو بھیجو

پہلے تھا خرچ دس روپے اب دس ہزار ہے

تم چھوڑ کر گئے تھے فقط ایک ہی بچہ

اب ماشاء اللہ بچوں کی پوری قطار ہے

عشق بھی اب بازاری ہو گیا ہے۔ بے جا اظہارِ الفت کا یہی انجام ہونا تھا جو ہوا۔

چہرے میرے زخم ہیں دیدارِ یار کے

پردہ نشیں نے مارا ہے برقع اتار کے

عشق میں موبائل کے استعمال کا نہایت ہی خوبصورت شعر ملاحظہ کریں۔

معشوق تھا بخیل پسیجا نہ دوستو

دیکھا ہے کتنی مرتبہ مس کال مار کے

عاشق کے قدیم پیکر کا نمونہ احمد علوی نے کس خوبی کے ساتھ واضح کیا ہے عاشقانہ ہزل ہے معشوق حالیہ کی نقاش شاعر کی ظریفانہ حس نے بلا کی شگفتگی پیدا کر دی ہے، اظہار کے اسلوب نے اسے اور بھی دلکش دل آویز بنا دیا ہے۔ عشق کا حال دیکھیے۔

جیسے کہ ایک چوہا کسی بل میں گھس گیا

ایک بے وفا کا حسن مرے دل میں گھس گیا

لکھ ڈالے شاعروں نے جو اشعار بے شمار

ایسا کہاں کا حسن ترے تل میں گھس گیا

ہر بات وہ دلیل سے کرتا ہے اس طرح

جیسے تمام علم اک جاہل میں گھس گیا
مقبول کتنی صنف ہے یہ سہلِ ممتنع
اردو ادیب کون سی مشکل میں گھس

گویا ظرافت طبعی کے ساتھ ساتھ شعر و ادب اور اس کے رجحانات پر طنز بھی ساتھ ساتھ چل رہا ہے۔ احمد علوی بنیادی طور پر مشرق کی پرانی قدروں کے شاعر ہیں۔ مگر ان اقدار کو ظریفانہ انداز میں ادا کر دینے کا کام انہوں نے بڑی کامیابی سے کیا ہے۔ عاشق غیرت دار تبھی تو کہہ رہا ہے۔

میری خاطر خرید لیں ڈنڈے
اس سے پہلے کرائے کے غنڈے
توڑ دیں دانت میرے مسٹنڈے
میں ترا شہر چھوڑ جاؤں گا
تیرے بچے شرارتی نادان
میرے رشتوں سے ہو کے یہ انجان
اس سے پہلے پکاریں ماموں جان
میں ترا شہر چھو جاؤں گا
دور مجھ سے مری شمیمہ ہو
میرے دل اور جگر کا قیمہ ہو
اس سے پہلے ترا ولیمہ ہو
میں ترا شہر چھوڑ جاؤں گا

عشق و محبت کے برے انجام سے بھی احمد علوی باخبر ہیں۔ اگر یہ عشق و محبت بے

میل اور بے وقت ہے تو یقیناً ضرر رساں ہو گا ایک قطعے میں بوڑھے عاشق زار کا حال دیکھیے۔ ان کی شاعری میں بڑھاپے کے عشق پر جا بجا بہت طنز ملتا ہے۔

یارو لگا کے بالوں میں امپورٹڈ خضاب
کرنے چلے تھے عشق بڑے تام جھام سے
بکوا دیئے مکان اب کہتی ہے بھائی جان
'نفرت سی ہو گئی ہے محبت کے نام سے'

یہ بے حیائی اور بے شرمی بعض چھچھورے علماء میں بھی ملتی ہے۔ صحیح معنوں میں علم و بزرگی کے لباس میں شہوت پرست چھپے ہوئے ہیں۔ احمد علوی ایسے بے عمل، بے کردار اور خراب لوگوں پر طنز کرتے ہیں۔ کہتے ہیں۔

درس اسلام کا دیتے ہیں شیخ جی
اس طرح غیر مسلم خواتین کو
ان سے کرتے ہیں پہلے مقدّس نکاح
زندگی بھر سکھاتے ہیں پھر دین کو

غرض عشق اب کھوکھلا اور بے وقعت ہو کر رہ گیا ہے۔ اب عشق میں عمر گنوانے اور زر کھپانے کی ضرورت نہیں رہ گئی ہے وہ تو ایک وقتی تماشہ ہے۔

دوست پرمانینٹ سروس کی طرح
یوں تو شادی اک پرائم جاب ہے
کیج ول ہوتا ہے عاشق نامراد
عشق لیکن پارٹ ٹائم جاب ہے

احمد علوی عشق و محبت کے نام پر چھچھورے پن کے سخت مخالف ہیں۔ وہ اسے ہوس

پرستی میں گنتے ہیں اور قابلِ سرزنش سمجھتے ہیں۔

اس کی چھت پہ پٹ چکا ہے شہر کا ہر نوجوان
آپ کی بھی چاند کے چکّر میں جاسکتی ہے جان
ہم نے مانا چاند کا دیدار ہے کارِ ثواب
کیا کریں جب چاند کا ابّا ہے نامی پہلوان

پچھلے سال عراق میں امریکہ کے صدر جارج ڈبلو بش پر ایک "المنتظر" نے جوتا پھینک کر ساری دنیا کو چونکا دیا احمد علوی نے اس واقعے کو بڑی خوبی سے نظم کیا ہے۔

بھر نہیں پائے گا کسی صورت
زخم یہ سالوں سال جوتے کا
پل میں ظالم کو کر دیا رسوا
سب نے دیکھا کمال جوتے کا

عشق کا مسخ شدہ چہرہ جو علوی کے یہاں ملتا ہے وہ شاید اس عہد کے کسی شاعر کے یہاں نہیں ملتا۔ فی زمانہ عشق کی ریڑھ پٹ گئی ہے کہ عشق سراسر خرابہ بن کر رہ گیا ہے۔ نوجوانوں میں عشق کی تڑپ نہیں اور بڈھے کھوسٹ بے میل عشق کو ملیامیٹ کرنے پر تلے ہوئے ہیں۔ "مادھوری کا عاشق" نام کی نظم میں پچاسی سال کے عاشق مقبول کو پہچاننا مشکل نہیں ملاحظہ کریں۔

ایک انٹرنیشنل عاشق ہے ہندوستان میں
مل نہیں سکتا جو تم کو جرمن و جاپان میں
آرٹ کی لائین میں اس کا اچھا خاصہ دخل ہے
پونچھ سی داڑھی میں لگتا کس قدر خوش شکل ہے

دانت منہ میں اور آنکھوں میں نظر باقی نہیں
ایک کالا بال اس کے جسم پر باقی نہیں
بے پڑھا لکھا ہے لیکن ہے بہت ہی ہونہار
چار بنگلے بمبئی میں پانچ امپورٹ ہیں کار
نوجوانی میں ثریّا کا یہ دیوانہ رہا
بعد میں پھر یہ مدھو بالا سے بھی کافی پٹا
چاہیئے معشوق اب بھی اس کو سولہ سال کی
اس کی محبوبہ بنی ہے ہیروئین اک حال کی
شغل تصویریں بنانے کا وہی دن رات ہے
آج کل حضرت کا چکّر مادھوری کے ساتھ ہے
عاشقی پہلے تو ہوتا تھا جوانوں کا ہنر
کام یہ بھی آگیا ہے اب بزرگوں کے ہی سر
مبتلائے عاشقی ہوتا نہیں ہے نوجواں
مادھوری کے عشق میں روتے ہیں اب ابّا میاں

شرافت اور نجابت کا بھی اب زمانہ نہیں رہا۔ مہذب شاعر اور نیک نیتّوں کی مٹی پلید ہو رہی ہے۔ ایک شاعر کو جو میڈم سنسان راہ میں مل گئی تھیں اسے از راہِ ہمدردی گھر میں لے آئے اور رات کو گھر میں قیام کی درخواست کی۔ چار و ناچار مجبوراً اس پری وش نے وہ آفر تو قبول کر لیا اور رات بھی گذار دی مگر نتیجہ کیا نکلا جنابِ احمد علوی سے سنیے۔

شاعر کا گھر یہ قبر سے چھوٹا سہی مگر
اتنا وسیع دل کہ سما جائیں سمندر

کمرہ بھی ایک ہے یہاں بستر بھی ایک ہے
بے فکر ہو کے سویئے شاعر یہ نیک ہے
جذبات اپنے رہ گیا یارو مسل کے میں
کروٹ بل کے سوئی وہ کروٹ بدل کے میں
اللہ کا شکر خیر سے یہ شب گذر گئی
دل پر شرافتوں کے نشاں نقش کر گئی
پوچھا یہ میں نے صبح کو کیا کرتی ہیں حضور
بولی ہمارا پولٹری فارم ہے تھوڑی دور
کچھ مرغ اور مرغیوں کو پالتی ہوں میں
مرغوں کی نسل نسل کو پہچانتی ہوں میں
کتنے ہیں مرغ آپ پہ کتنی ہیں مرغیاں
شادی شدہ ہیں کتنی اور کتنی کنواریاں
جتنی ہیں مجھ پہ مرغیاں اتنے ہی مرغ نر
رکھتی ہوں مرغ مرغیاں دونوں ہی تول کر
اپنی سمجھ سے دور ہے یہ سوپہ سو کا گیم
دس مرغ بہت ہوتے ہیں سو مرغیوں پہ میم
معصومیت سے بولی پھر میڈم وہ پاکباز
سو مرغ پالنے میں بھی پنہاں ہے ایک راز
سو میں سے دس یا پانچ ہی مرغے ہیں کام کے
باقی تو آپ کی طرح شاعر ہیں نام کے

لگتا ہے احمد علوی مسلم لیڈر کے پیچھے ہاتھ دھوکے پڑ گئے ہیں۔ فی زمانہ جو حال مسلم رہنماؤں کا ہے اور خصوصاً فرنگی مدنیت (Colonialism) کے بعد جو حال ہر مسلم قائدین اور قوم کا ہوا ہے اس کو لکھتے ہوئے مسلم لیڈروں کی تصویریں جو احمد علوی نے کھینچی ہیں وہ بے مثال ہیں۔ اس طرح احمد علوی ایک درد مند دل والے شاعر بن گئے ہیں جنہیں ہندوستانی معاشرے کی جملہ خامیوں اور خرابیوں کا پورا احساس ہے۔ ہندوستان کے دیگر مصلح شاعروں کی طرح وہ بھی ملک و قوم کی اصلاح کے خواہش مند ہیں۔ اور سماج میں پیدا شدہ مختلف قسم کی بیماریوں کا علاج کرنا چاہتے ہیں۔ اس لئے مزاح کی آڑ میں طنز کے وہ نشتر بھی چلاتے ہیں۔ جن سے سماج میں رستے ہوئے ناسور سے خونِ فاسد کو باہر نکالا جا سکے۔ ان کی مزاحیہ شاعری کے تیر نشانے پہ لگتے ہیں۔ اور ٹیس پیدا کرتے ہیں وہ ہنسی ہنسی کی باتیں ضرور کرتے ہیں لیکن یہ باتیں ہنسی کی نہیں اصل میں نالہ و فریاد کی نقیب ہیں۔ وہ ہنسا ہنسا کر رلانا چاہتے ہیں ان کی شاعری افراد و اقوام کو خود اپنا مذاق اڑا کر آہ و بکا کا پیغام دے رہی ہے۔ اس میں شک نہیں کہ احمد علوی کا درد شدید ہے اور وہ اسے بذلہ سنجی اور ظرافت کا جامہ پہنا دیتے ہیں لیکن اس طرح کہ وہ ابتذال نہ بن جائے۔ اس کی انہوں نے کوشش کی ہے اور یہی ایک کامیاب مزاح نگار کا شیوہ بھی ہے خود ان کے مجموعے کے عنوان "طمانچے" سے ظاہر ہوتا ہے کہ یہ قہقہے نہیں سماج کے بگڑے ہوئے چہرے پر طمانچے ہیں۔

***

ڈاکٹر خالد حسین خاں

(صدر شعبہ اردو میرٹھ کالج میرٹھ)

یہ ناقابل تردید حقیقت ہے کہ بعض علاقوں کی فضاؤں میں، اس کے ذرّات میں وہاں کے ماحول میں اور وہاں کی آب و ہوا میں، علمی ادبی اور شعری اثرات و عوامل اس درجہ نفوض کر جاتے ہیں کہ ان سے وابستہ اذہان و قلوب، عہد طفلی سے ہی ادب و شعر کے ایک مخصوص سانچے میں ڈھلنے لگتے ہیں مزید یہ کہ اس نوع کے فطری اثرات کسی مخصوص مکتب و مدرسہ یا درس و دبستاں کے وسیلے سے حاصل نہیں ہو سکتے، شاید اسی طرح کی صورت حال احمد علوی کہ ساتھ بھی ہوئی ہے۔ گرچہ احمد علوی کی ولادت قصبہ گلاؤ ٹھی ضلع بلند شہر میں ہوئی، اور جن کا عہد طفلی اور عہد جوانی اسی گہوارہ علم و دانش سر زمین میرٹھ میں بیتا۔ میرٹھ کئی جہتوں سے ممتاز ہے، ادب و سیاست کا معاملہ ہو یا انقلاب و حکمت کا مرحلہ یہ شہر عالم میں انتخاب نہ سہی ہندوستان میں ممتاز و منفرد ضرور ہے۔ انقلاب کی اوّلیں چنگاری یہیں سے نکل کر تمام ہندوستان میں پھیلی، احمد علوی نے اسی شہر نگاراں میں اپنے تعلیمی مراحل اور شعری منازل طے کئے۔

احمد علوی نے شاعری کی ابتدا غزل گوئی سے کی اور تقریباً رُبع صدی تک اسی دوشیزہ غزل کی زلف گرہ گیر کے اسیر و قتیل رہے اور اپنا اوّلین مجموعۂ غزلیات بعنوان "صفر" ۱۹۹۲ء میں اردو دنیا کو بطور سوغات پیش کیا تھا۔

احمد علوی خوش اطوار، خوش اخلاق ہیں البتہ شوخ کم شگفتہ و شیریں زیادہ ہیں۔

سنجیدہ حسِ مزاح کے مالک، تبسم زیر لب کے سالک اور قہقہہ مذاق کے عارف ہیں۔ میرٹھ کی شعری فضاؤں اور ادبی ہواؤں نے ان کے دل و دماغ میں شاعری کے جرثومے بے محابہ داخل کر دیئے۔ روزی روٹی کے مسائل سے بھی وہ گھن چکر بنے یوں سمجھ لیجئے کہ اس دور کشاکش میں شعر گوئی کے علاوہ بھی بہت کچھ کرنا پڑتا ہے اور احمد علوی بھی بہت کچھ کرتے ہیں، میرٹھ میں رہ کر انہوں نے سنجیدہ شاعری کا ایک گراں قدر تحفہ "صفر" کے نام سے اردو شائقین کو دیا، اس کے بعد وہ میرٹھ کے ادبی حلقوں سے یکایک کافور ہو گئے بقول میرع "دلّی جو ایک شہر تھا عالم میں انتخاب" میں جا بسے!

ڈیڑھ دہے کے بعد آل انڈیا ریڈیو اردو مجلس کے ایک پروگرام میں خلاف توقع مجھے دور سے نظر آئے تو میں ان سے بغل گیر ہو گیا۔ تفصیلی گفتگو پہلے معاش پر پھر معاشرے پر اور آخر میں مشاعرے پر آکر ختم ہوئی۔ شاعری پر طنز و مزاح پر گفتگو رہی انہوں نے اپنا مزاحیہ مجموعے کلام طمانچے مجھے دیا۔

بہر نوع ان کے مجموعے کلام "طمانچے" میں تازہ کاری کی چمک، نو مولود گوشوں کی چٹک اور شگفتگی و شوخی کی مہک آپ کو بیشتر مواقع پر ملے گی۔ سیاست و ثقافت، ملاوٹ، عداوت، منافقت، اور دکھاوٹ کی زیریں رو کی کاٹ آپ کے دل و دماغ کو چونکائے گی نہیں بلکہ زور دار جھٹکا ضرور دے گی۔ ماضی بعید میں جس طرح اکبر الہ آبادی نے اپنے طنزیہ شہ پاروں سے بوم میرٹھی نے پھکڑّپن کے چھینٹوں سے قارئین کو برمایا اور گرمایا تھا، اس کے بر خلاف احمد علوی نے اپنے طنزیہ و مزاحیہ اور ملائم و معیاری طمانچوں سے شائقین مزاح کو رلایا کم ہنسایا زیادہ ہے۔

احمد علوی کا کمال ہنر یہ ہے کہ وہ اپنی ظریفانہ شاعری سے ساحری کا کام لیتے ہیں اور لفظوں کو قرینے اور سلیقے سے برتنے میں بھی ماہر و مشاّق کھلاڑی ہیں یعنی وہ اکثر لفظوں کو

شاعرانہ نہیں شاطرانہ طور طریق سے برتنے میں طاق ہیں!

احمد علوی نے اپنی طبع رواں اور جوشِ جواں کو طباعت کے منازل و مراحل سے گذار کر اپنی شوخیِ تحریر کو عوام و خواص تک پہونچا دیا ہے۔ ان کا کاغذی پیراہن "طمانچے" کے مطالعے سے راقم کا دل و دماغ ہی نہیں، شعور و شعار بھی سرخوشی و سرشاری کی کیفیت میں غلطاں ہے۔

طنز و مزاح کا چولی دامن جیسا معاملہ ہے۔ یعنی طنز و مزاح ایک دوسرے سے بے تعلق نہیں رہ سکتے۔ بصورتِ دگرنہ طنز طنز رہتا ہے نہ مزاح مزاح، ان دونوں کا دلکش امتزاج ہی فکاہیہ شاعری کو دو آتشہ بناتا ہے۔ احمد علوی کی شاطری یہی ہے کہ ان کی شاعرانہ ضرب بھاری ہی نہیں کاری ہوتی ہے، اور قاری کا دل اس کی قرات کے بعد منہدم نہ سہی مرتعش ضرور ہو جاتا ہے۔ احمد علوی بڑی خاموشی سے انسانی کوتاہیوں، کجیوں، اور کمیوں کی مخلصانہ یاد دہانی اور محبانہ گوشمالی اس خوبی اور محبوبی سے کرتے ہیں کہ دل سے پہلے آہ اور بعد میں واہ نکل جاتی ہے۔ احمد علوی نے زندگی کی ریاکاریوں اور کج رویوں پر کس معصومیت سے طنز کیا ہے یہ قطعے دیکھئے۔

میں سب کچھ ہوں مگر جھوٹا نہیں ہوں
خدا کے فضل سے نیتا نہیں ہوں
شہیدوں کے کفن تک بیچ کھاؤں
کمینہ ہوں مگر لگتا نہیں ہوں

نہ بیویوں سے نہ یہ بیلنوں سے ڈرتے ہیں
مشین گن سے ایٹم بموں سے ڈرتے ہیں
عدالتوں سے بھی خائف نہیں کئی لیڈر

مگر چھپے ہوئے کچھ کیمروں سے ڈرتے ہیں

انہوں نے روایت سے روشنی، تجربے سے تازگی اور فکر سے فرزانگی حاصل کی ہے، ان کی نشاط پسندی، تخریب میں تعمیر کے آب و رنگ تلاش کر لیتی ہے۔ ان کے مزاحیہ رنگ شاعری میں محبوبیت، مرعوبیت اور معروضیت قارئین و ناظرین کے لئے وجہ سرور و سکون ہے۔

جس طرح سنجیدہ شاعری میں موضوعاتِ رنگا رنگ کی کمی اکثر محسوس کی جاتی ہے، وہی صورت حال مزاحیہ شاعری میں بھی ہے۔ یعنی سیاسی موضوعات بکثرت ہیں لیکن ان میں قدرِ دوام اور معیارِ مدام کے ایسے عناصر و عوامل داخل نہیں ہو پائے جن سے شعر ضرب المثل بن جاتا ہے۔ بطور مثال اکبر الہ آبادی، ضمیر جعفری، راجہ مہدی علی خاں ظریف لکھنوی، مجید لاہوری، رضا نقوی واہی، دلاور فگار، ساغر خیامی وغیرہ کے نام اس ضمن میں بلا خوف و تردید لئے جاسکتے ہیں۔ عرض یہ کرنا ہے کہ مزاح گوئی جیسے مشکل اور دقیق فن سے بخوبی و بآسانی عہدہ بر ہونے کے لئے شاعر کا صرف مزاحیہ مزاج ہونا کافی نہیں ہے بلکہ اس کو بڑی حد تک متین اور سنجیدہ ہونا بھی ضروری ہے۔ یہ خوبیاں مکمل نہ سہی بڑی حد تک احمد علوی میں موجود ہیں۔ اس کے علاوہ اگر طنز و مزاح نگار شاعر اپنی شوخیِ طبع اور شگفتگیِ رواں کو قابو میں نہ رکھے تو ظرافت کو تمسخر، تضحیک، پھکڑّ پن اور پست بننے میں دیر نہیں لگتی۔

انہیں وجوہ کے سبب طنزیہ مزاحیہ شاعری میں سنجیدہ شاعری سے کہیں زیادہ احتیاط، انضباط، ہنروری، اور سخنوری کی احتیاط و حاجت ضروری ہے۔ احمد علوی نے اپنے "طمانچے" میں رمز و طنز اور معیار و مزاح دونوں کا کاک ٹیل بڑی خوبی سے تیار کیا ہے۔ تاہم ان کی زیرکی، فہمیدگی، اور شاطری یہ ہے کہ قاری اس مشروب شاعری کی قرات سے فرحت بخش سکون اور روح افزا سرور میں مست و بے خود ہو جاتا ہے۔ بطور مثال

درج ذیل اشعار سے لطف ولذت حاصل کیجئے۔

اب دوستی کا مطلب شاید یہی رہا ہے
تم یوز کر رہے ہو ہم یوز ہو رہے ہیں

گر کوئی دلا دیتا، ڈاکٹریٹ کی ڈگری
میں بھی قبر اردو کی آج کھودتا ہوتا

اللہ کی اماں پہ بھروسہ نہیں رہا
شاہی امام اب ہیں پولس کی پناہ میں

میں بھی حقدار ہوں وزارت کا
اپنے سر پہ انعام رکھتا ہوں

سارے عربوں کو ایکسپورٹ ہوئے
حیدر آباد میں گلاب کہاں

بہارِ بے خزاں، ظرافت کے مہر تاباں اور قارئین ظرافت کے سرور جاں احمد علوی فن مزاح نگاری کے تاجِ زرّیں میں کوہِ نور کی مانند درخشاں فن کار و قلم کار کا نام ہے۔ البتہ مزاج کی قلندری اور طبیعت کی سادگی کے باعث وہ ادب شناس اور ادب نواز کسی بھی حلقے، طبقے یا قدر داں کی دسترس و دادرسی سے دور نہیں۔

ہندوستان جیسے سو ارب باشندوں کے وسیع و عریض ملک میں کسی بھی نووارد قلم کار کے لئے ادبی جگہ بنانا جوئے شیر نکالنے سے کم نہیں مگر احمد علوی نے اپنے حلم کو، اپنے علم کو، اپنے قلم کو، اور اپنے علم کو ظرافت کے پیمانے میں انڈیل کر دبی، کچلی، تڑپتی اور سسکتی زندگی کو "طمانچے" کے ذریعے ہنسنے ہنسانے اور گاہے گاہے قہقہہ لگانے کے وافر مواقع فراہم کئے ہیں اور ان کا یہ کار خیر "صدقہ جاریہ" کی طرح یقیناً جاری وساری بھی رہے گا۔

احمد علوی کے عوامی و عمومی قارئین کے حرز جاں اور سرور جاں بننے میں اس امر کا

بھی اہم حصہ ہے کہ وہ اپنی شعری نگارشات پر ثقیل اور دقیق لفظوں کا بوجھ نہ ڈال کر سلیس و نفیس و دلنواز و دلکش لفظوں میں بڑی سے بڑی بات یوں کہہ جاتے ہیں کہ قارئین، ناظرین، سامعین کو محسوس تک نہیں ہوتا کہ ان کے قلوب و اذہان کو سیراب و شرابور کرنے والی مسرور و مسحور کر دینے والی گھٹا کدھر سے آئی اور کب برس گئی۔

میرٹھ میں یوں تو بوم میرٹھی، نور تقی نور، اور پاپولر میرٹھی ظریفانہ شاعری کے مخصوص شاعر رہے ہیں لیکن احمد علوی نے اپنے دلنواز اور البیلے انداز نیز اپنی بے پناہ صلاحیتوں اور شعری کاوشوں کے بل پر اپنی آواز اپنے انداز اور اپنے اسلوب سے ظریفانہ شاعری کے میدان میں خود کو منوالیا ہے۔ یہ بہت خاموش طبع، سنجیدہ اور گوشہ نشین شاعر ہیں، جوڑ توڑ اور جی حضوری و جبہ سائی سے کوسوں دور ہیں۔ مشاعروں کے بر خلاف وقیع رسائل و جرائد میں ان کا کلام زیور طباعت سے آراستہ ہو کر خوب مقبول ہو رہا ہے۔ ان کی منظومات ان کے قطعات ان کی تحریفات اور ان کی تضمینیں نیز ان کی ہزلیات کے اشعار عوام و خواص دونوں میں خوب پسند کئے جاتے ہیں۔ ان کی ادبی پھلجھڑیوں کے چند دل آسا نمونے آپ کو گدگدانے اور قہقہے لگانے کے لئے پیش ہیں۔

ہر قدم پر تھا زمانے میں ہجومِ دلبراں
اور ان پھولوں کو پالینا تجھے آساں بھی تھا
تو ہی ناداں ایک بیوی پر قناعت کر گیا
ورنہ گلشن میں علاجِ تنگیِ داماں بھی تھا

بڑھاتا کون قبرستان میں قبروں کے ریٹ علوی
اگر ہوتے نہیں وید و حکیم و ڈاکٹر پیدا
مریضوں کا یونہی بے موت مر جانا ضروری ہے
"کہ خونِ صد ہزار انجم سے ہوتی ہے سحر پیدا"

شکل بد شکل ہو گئی اب تو
زندگی کے تمام سانچوں کی
اس کے گالوں پہ چھپ گیا پنجہ
ضرب ایسی پڑی ہے پانچوں کی
میں رہوں یا نہیں رہوں لیکن
گونج گونجے ان طمانچوں کی
شعر کہنے کی ضرورت ہی نہیں
شعر کہنے سے بھلا کیا پاؤ گے
صرف کچھ ٹھمکے لگانا سیکھ لو
خود بخود تم پاپولر ہو جاؤ گے
پست قد ہے مگر سمجھتا ہے
اس سے لمبا یہاں پہ کوئی نہیں
ساری دانشوری اسی پہ ختم
ایسا گنجا یہاں پہ کوئی نہیں
نوازے شاعرِ اعظم سے خود کو
نہیں آیا سلیقہ شاعری کا
عظیم المرتبت کچھ اس لئے ہے
کہ ہے شاگرد "عظمت کاظمی" کا
تقسیم مفت ہوتی ہے اردو کی ہر کتاب
دیوانہ ہے جو کہتا ہے دیوان بک گیا
دیوان اپنا بک نہ سکا ایک بھی مگر

گھر کا تمام قیمتی سامان بک گیا

احمد علوی کا ایک اختصاص، امتیاز اور کمالِ فن یہ بھی ہے کہ انہوں نے اپنے سنجیدہ ادبی مطالعے سے اپنی مزاحیہ فکر میں خوب فیض و فائدہ اٹھایا ہے۔ مذکورہ قطعات ان کی فطانت، فراست، ذہانت، لطافت اور ریاضت کے شفاف عکاس ہیں۔ ان کی تضمینیں بھی لائق داد ہیں جن میں اساتذہ شعراء کے کلام سے استفادے کے ساتھ ساتھ چٹکیاں بھی ہیں تیکھا پن بھی ہے طنز کے نشتر بھی ہیں اور مزاح کی ہلکی ہلکی پھواریں بھی ہیں۔

طنزیہ مزاحیہ شاعری میں جدّتِ افکار ندرت خیال کے ساتھ ساتھ لفظوں کا بر محل استعمال بھی بہت ضروری ہے۔ چونکہ طنزیہ مزاحیہ شاعری اپنے معیار و میزان سے پست ہوتے ہی مضحکہ خیز صورت اختیار کر لیتی ہے۔ لیکن احمد علوی کی شاعری میں زبان کا سلیقہ اور معیار کا قرینہ ایسے دانشورانہ توازن اور اعتدال کے ساتھ موجود ہے کہ قاری کا مذاقِ ادب ایک نئی تازگی، ایک نئی حلاوت، اور ایک نئی شگفتگی محسوس کرتا ہے۔ ادب و سیاست اور خود ساختہ ادیبوں ناقدوں، قلمکاروں، اور دانشوروں میں جہاں جہاں انہوں نے مضحکہ خیز کیفیت کا اندازہ اور پست صورت حال کا مشاہدہ کیا، اسے بھی موضوع ہدف بنایا ہے۔ ،اسی کے ساتھ سماج میں مروّج دوسری برائیوں سے بھی انہوں نے صرفِ نظر نہیں کیا ہے۔ سیاسی، نیتاؤں، مذہبی ٹھیکیداروں، اور تشاعروں کے کردار و گفتار کو بھی انہوں نے نشانۂ طنز بنایا ہے۔

مثلاً ان کے چند قطعات "بے دُم عثمانی" پاپولر "احمد علوی" اردو کتابیں "مشاعرے کی فیس "کمال جوتے کا" اور پناہ" وغیرہ۔

احمد علوی نے اپنے "طمانچے" میں تازہ نادرہ کار تخلیقی و شعری اوج، موج، تلاطم، طغیانی کو بڑی صناّعی، فنکاری، اور سخنوری سے آشکار کیا ہے۔ ان کی یہ خوبی بھی لائقِ ذکر و فکر ہے کہ وہ دل دکھاتے ہی نہیں، دل بہلاتے اور دل لبھاتے بھی ہیں۔ البتہ وہ طمانچے

جڑنے میں اس بات کی احتیاط ضرور رکھتے ہیں کہ گال و کھال صرف اتنی دکھے کہ ہندوستان کا نقشہ نہ بن جائے۔ اسی طرح وہ شاعری میں نشتر زنی نہیں کرتے صرف نوکِ قلم چبھو کر قاری کو تنبیہ و تاکید کرتے ہیں کہ موادِ فاسد کہاں اور کتنا ہے گاہے گاہے وہ ہلکی سی چٹکی بھی لیتے ہیں۔ اور ٹیس نہیں محسوس ہوتی۔ صرف کسک کا لطف انگیز احساس اور حظِ انبساط کا دلکش ادراک ہوتا ہے۔ موصوف کے شعری زاویوں، طنزیہ دائروں، اور مزاح کے زائچوں کو کہاں تک بیان کیا جائے، یوں سمجھ لیجئے کہ حکایت دراز ہے لیکن لذیذ تر!!

احمد علوی آسمانِ ادب پر ٹمٹماتے سیّارے کی راہگذر سے بعافیت و بہ سلامت آگے نکل چکے ہیں اور اب مزاحیہ شاعری کے شہابِ درخشاں بن چکے ہیں۔ گذشتہ دو دہوں کی شعری سیّاحی اور ادبی غوّاصی کے بعد اپنی غزلوں، ہزلوں، نظموں، قطعوں، اور تضمینوں کے وسیلے سے "جہانِ شعر" میں طنز و مزاح کی فکر و فرزانگی کی شگفتگی و شادابی کی گل افشانیاں اور لن ترانیاں ہر سو بکھیر رہے ہیں۔

احمد علوی کی شاعری کا ہر لفظ قطرے کی مانند ان کے سیّال جذبات اور حسیّات کا سمندر ہے، سلگتے خیالات و احساسات کی چنگاری ہے، خوابیدہ تمناؤں کی سوزن کاری ہے، تشنہ زخموں کی پیوند کاری ہے، رستے پھوڑوں کی رفوگری ہے اور فہمیدہ شاعری کی فسوں کاری ہے۔ ان کے "طمانچے" کے شعری سانچے میں ان کی جاگتی آنکھوں کے خواب بھی ہیں، رنگین آرزوؤں کے گلاب بھی ہیں، دل اور وارداتِ دل کے ارتعاشات بھی ہیں۔ طنز و مزاح کے جگمگاتے داغوں کے چراغ بھی ہیں اور سیاست اور معاشرت، معیشت و ثقافت کے نکات بھی ہیں۔ یہ ایسی خوبیاں ہیں کہ قاری یا سامع جب "طمانچے" کا بنظر غائر مطالعہ کرتا ہے تو اس کے دل و دماغ پر یکبارگی، مزاحیہ شاعری کی یلغار کا اک سیل بے پناہ اس کو پہلے مبہوت پھر محصور اور بالآخر اپنے دائرے میں محصور کر لیتا ہے۔

الغرض احمد علوی نے غزل سے ہزل تک کے سفر میں پیچھے مڑ کر نہیں دیکھا بلکہ خوب سے خوب تر کی تلاش میں سدا سر گرداں رہے ہیں۔ ان کے یہاں طنز کا وار بھی ہے اور یلغار بھی ہے، پیکار بھی ہے اور تیغ و تلوار بھی ہے۔ تاہم یہ اوزار و ہتھیار فوجی نہیں ہیں بلکہ خالص ادبی تنقیدی، اور تخلیقی ہیں۔ ان خوبیوں محبوبیوں اور صلاحیتوں کے باوصف، ان کی سیرت و شخصیت اور علمیت اہلیت کا یہ پہلو بھی قابلِ ذکر ہے کہ یہ شہرت کے اظہار سے، پائل کی جھنکار سے اور مصنوعی ادب کے کوچہ و بازار سے اپنا دامنِ عصمت مآب دوشیزہ کی طرح بچائے اور محفوظ رکھے ہوئے ہیں۔ یہی سبب ہے کہ ان کے کلام میں رعنائی ہے، دانائی ہے، زیبائی ہے، گہرائی ہے، اور فکری بالیدگی بھی ہے۔

احمد علوی کے "طمانچے" میں اسلوب کی ندرت، شگفتگی کی جدت، شوخی کی لذت اور طنز کی شدت پوری آب و تاب سے موجود ہے۔ ان کے شعری شہ پارے اور مزاحیہ شرارے اپنے دروں میں شرافت، شادابی، اور شگفتہ نگاری کے سبب قاری کو اپنی جانب فی الفور مائل متوجہ کر لیتے ہیں۔ ان کی شعری کاوش "طمانچے" کی ترتیل سے یہ بھی اندازہ ہوا کہ ان کو قاری کی ذہنی ترسیل میں مہارت حاصل ہے، اسی لئے انہوں نے اپنی تخلیق کی تشکیل میں ہر وہ حربہ استعمال کیا ہے کہ قاری ان کے دام شاعری کے مدار سے کسی بھی صورت باہر نہ نکل سکے۔ احمد علوی کے شعری رشحات اس حقیقت کے بھی غمّاز ہیں کہ ادب کے سنجیدہ متین اور باشعور قارئین نے ان کی نگارشِ دلنشین کو نہ صرف سراہا ہے بلکہ بلڈ پریشر کے لئے مفرح قلب بھی گردانا ہے، ان کے یہاں "قہقہہ بردوش" جیسی کیفیت کم اور تبسم زیر لب والی خصوصیت زیادہ ہے۔

بحیثیتِ مجموعی احمد علوی کے کلام میں لطافت کی شوخیاں، لطافت کی پھلجھڑیاں، سلاست کی دلفریبیاں، طنز کی چٹکیاں، محبوباؤں کی اٹھکیلیاں، مولویوں کی ریاکاریاں، اور معصوم عوام کی مجبوریاں، بوئے گل کی طرح فضائے اردو کو معطر و معنبر اور رنجیدہ سنجیدہ

ماحول کو زعفران زار بنانے میں اہم کردار نبھا رہی ہیں۔ احمد علوی کا وجدان، طنز و ظرافت کا عرفان، اکبر و فگار پر ایمان حبّ رسول پر ایقان اور بحیثیت مسلمان، ایسے عناصر خمسہ ہیں کہ ان کی صفات بشریٰ نے باہم آمیز ہو کر ان کے وفورِ شاعری کو نہ صرف شوخیِ تحریر بلکہ اپنے ہم چشموں اور ہم مشربوں میں زیادہ دلکش و دلنواز اور دل آسا و دلفریب بنا دیا ہے۔ احمد علوی کو دبستانِ میرٹھ میں ہی نہیں بلکہ پوری دنیا میں ان کی کاوش کے سبب مقامِ رفیع حاصل ہو گا اور میخانہ ظرافت کے متوالوں اور میکدہِ طنز کے دیوانوں کو "طمانچے" کے مطالعے سے سرور و وفور، سرشاری، و شعور سے پوری طرح لطف اندوز ہونے کا موقع ملے گا۔

غم و آلام رنج و حزن مکاری وریاکاری کے سیلِ بے پناہ میں ڈوبتی ابھرتی فضا میں ہنسنا یا ہنسانا بڑے دل گردے کا اور جوکھم بھرا کام ہے، جو مردِ میداں شاعرِ میداں اس پر خطر کام کو انجام دے وہ دبستانِ میرٹھ کے قارئین، ناقدین، کاملین، کی نظروں میں خصوصاً اور شائقینِ ظرافت کے مداحوں میں عموماً "شہنشاہِ ظرافت نہ سہی "وارثِ ظرافت" کہلائے جانے کا مستحق ضرور ہے۔ احمد علوی کو مملکت ظرافت کا صفِ اوّل کا شاعر ہونے کا حقدار ضرور قرار دیا جا سکتا ہے۔

***

افتخار امام صدیقی

(مدیر ماہنامہ شاعر ممبئی)

اردو ادب پر تین علوی برادران کی حکومت رہی ہے۔ جدید تر شاعر محمد علوی، بیباک نقاد پروفیسر وارث علوی، اور رائڈر ہیگرڈ ایسے مشکل ناول نگار کے ناولوں کو اردو میں ترجمہ کرنے والے مظہر الحق علوی انہوں نے پچیس واں ترجمہ شدہ ناول رائڈر ہیگرڈ کا "ضلِ ہما" مجھے پڑھنے کے لئے دیا تھا۔ اس کے بعد ہم دونوں غائب ہو گئے۔ اب میری بازیافت دہلی کے مزاحیہ شاعر احمد علوی نے کی ہے۔ اور مجھے تینوں علویوں کی یاد دلا دی ہے۔ یوں تو اردو عالم میں اور بھی علوی ہوں گے لیکن مذکورہ تینوں علوی برادران کی اردو ادب پر حکومت رہی ہے۔ اب تینوں اپنے ماہ سال کے نصف النہار سے بہت آگے جا چکے ہیں۔ وارث علوی کی دلچسپ اسلوب والی تنقیدیں، کبھی کبھار ان کے مزاج والے رسائل میں پڑھنے کو مل جاتی ہیں۔ مشفق خواجہ مرحوم کی طرح وارث صاحب بھی طنز و ظرافت سے کام لینے میں چوکتے نہیں۔ اے پیارے لوگوں تیسرے درجے کا مسافر اپنے نام ہی کی طرح دلچسپ تنقیدی کتابیں بیدیات کے ماہر وارث صاحب بھی راجندر سنگھ بیدی کی طرح لطیف آباد کے مکین ہیں۔

احمد علوی نہایت سنجیدہ غزل کار ہیں۔ اور بشیر بدر کے رنگ میں شاعری کرتے تھے۔ شعری مجموعہ "صفر" کی بیشتر غزلیں بشیر رنگ میں اور کئی مصرعے بشیر بدر کے معلوم ہوتے ہیں۔ بشیر بدر کی سی شعری لفظیات سادہ سلیس عام فہم زبان ندا فاضلی کی

طرح فارسی اضافتوں سے عاری اور دونوں جدید ترین غزل گویوں سے مملو ضرب المثل اشعار نے آج کی غزل کو صدیوں کی غزل بنا دیا ہے۔

طنز و مزاح نگار سنجیدہ شاعر احمد علوی کے یہ شعر پڑھیے۔

دل کو کسی کی یاد سے خالی نہ کیجئے
آسیب رہنے لگتے ہیں خالی مکان میں

تعلقات بھی ریشم کی طرح ہوتے ہیں
الجھ گئے تو سرا عمر بھر نہیں ملتا

محبتوں میں تو کچھ بھی پتہ نہیں لگتا
بہت برا ہے وہ پھر بھی برا نہیں لگتا

تتلیوں کو مرے شعر کیوں یاد ہوں
میرے لہجے میں پھولوں کی خوشبو کہاں

غزلوں کا مجموعہ "صفر" اور پھر ظریفانہ شاعری کا مجموعہ "طمانچے" کے بعد اب احمد علوی ایک اور قہقہہ بم دھماکہ بہ عنوان "بیوی وہی پیاری" (یہ مجموعہ پین ڈرائیو کے عنوان سے شائع ہو چکا ہے) سے کرنے والے ہیں۔ سارے علم کے شوہروں کو اب اپنی اپنی ایک یا ایک سے زائد بیویوں کی خیر منانی پڑے گی کہ احمد علوی سے کچھ بعید نہیں کہ وہ کب سنجیدہ ہو جائیں اور کب قہقہہ بن جائیں۔

احمد علوی مزاحیہ ڈرامے بھی لکھتے ہیں اور سنجیدہ سیریل بھی۔ ٹماٹر کے چھینٹے نامی ڈرامے کے ستّر اور اسّی کے دہے میں تقریباً ایک سو شوز ہندوستان اور بیرون ملک میں ہو چکے ہیں اور موصوف ممبئی کے چکروں میں بھی آنے والے ہیں۔ اب تک فیچر فلم "بنگال کی انار کلی" (کہانی مکالمے، اور نغمے) فیچر فلم "کالی رات اماوس کی" (نغمے) ٹی وی سیریل

"جاسوس عمران" (اسکرین پلے مکالمے)

تو اے شاعر کے عالمی اردو قارئین۔ آج کے اس دہشت گردانہ عالمی منظر نامے میں آدمی کے چہرے سے تبسم، مسکراہٹ اور ہنسی غائب کر دینے والے عالمی سیاست دانوں کے خلاف آپ بھی سراپہ احتجاج بن جایئے۔

شعر کہنے سے کچھ نہیں ہو گا
کچھ سیاسی مقام پیدا کر
چاہتا ہے وزیر بننا اگر
غنڈہ گردی میں نام پیدا کر

فلسطینی عوام کی بجائے دہشت گرد امریکہ کا پٹاخہ اسرائیل بن کر ہٹ دھرمی کا مظاہرہ کیجئے۔ اور اگر خود کو تنہا اور بے بس محسوس کر رہے ہیں تو احمد علوی اور ان کے طمانچے حاضر ہیں۔

اردو غزل کو بشیر بدر نے خواص و عام میں مقبول کیا۔ اور بہت سارے اشعار ضرب المثل بن گئے۔ سنجیدہ شاعر احمد علوی کا تعلق بشیر بدر کی غزلوں سے معشوقانہ ہونے کے سبب موصوف نے بھی انہیں لفظیات اور استعاروں اور شعری تراکیب کو اپنی غزلوں میں سجا کر بشیر رنگ کی شاعری کی۔

کہتے ہیں کسے غم کا سمندر نہیں دیکھا
تم نے کبھی اپنوں سے بچھڑ کر نہیں دیکھا

بشیر بدر کی زمینوں اور انہیں کے اسلوب و لہجے والے احمد علوی اچانک ہی دلاور فگار کے پالے میں چلے گئے کہ اپنے دور کا تجربہ پسند شاعر آج طنزیہ مزاحیہ شاعری کا اہم نام ہے، احمد علوی نے ایک قطعہ اپنے معنوی استاد کے لئے بھی کہا ہے۔

بن گیا روپیہ اٹھنی، پان آدھا رہ گیا
قورمے کی ڈش ہے غائب نان آدھا رہ گیا
جب سے ہم اک نازنیں سے عشق فرمانے لگے
اپنے گھر کا دوستو سامان آدھا رہ گیا

جو مزاحیہ شاعر دلاور فگار ہو جائے اس کو پھر خود پر ہنسنے کا ہنر بھی آجاتا ہے۔

نوازے شاعر اعظم سے خود کو
نہیں آیا سلیقہ شاعری کا
عظیم المرتبت کچھ اس لئے ہے
کہ ہے شاگرد "عظمت کاظمی" کا

مزاحیہ شعر و نثر میں تذکیر و تانیث کا فالتو جھگڑا نہیں ہوتا قصے کہانیوں میں سیتا کون تھا اور رام کون تھی۔ عورت اور آدمی کہہ دینے سے پتہ نہیں چلتا۔ کہ کنوارا ہے یا کنواری۔ احمد علوی نے نان آدھا رہ گیا کو اپنے قطعے میں شان سے چلا لیا ورنہ نان تو مونث کے صیغے میں آتی ہے۔

احمد علوی کے طمانچے شروع کیجئے تو ابن صفی کے تمام ناول چاہے ہزار بار ہی کیوں نہ پڑھے ہوں۔ بار بار پڑھتے ہوئے لگتا ہے شائد ابن صفی نے جنت سے نیا ناول بھجوایا ہے۔ مرحوم کا ناول "ڈیڑھ متوالے" مرحوم کے بے شمار پڑھنے والوں کو آج بھی یاد ہو گا۔ یہی حال احمد علوی کی طنزیہ مزاحیہ شاعری کا بھی ہے۔ طمانچے جتنی بار بھی پڑھیے لگتا ہے جیسے شعری مجموعہ ابھی پریس سے سیدھا آپ کے ہاتھوں میں آیا ہے۔

جس وقت سترہ سال کی وہ نوجوان تھی
خاطر میں نہ آتا تھا کوئی لیکچرار بھی

چالیس پار کر کے بھی بیٹھی ہے کنواری
اب پو چھتا نہیں ہے کوئی چو کیدار بھی
یہ اختراع بھی ملاحظہ فرمائیں۔
یہ انتقام اس نے لیا ہم سے شاندار
جب ڈاکٹر کا ہم نے چکایا نہیں ادھار
جلاب والی گولیاں اس نے کھلائیں چار
بیت الخلاء میں شعر یہ لکھ آئے میرے یار
"اس انجمن میں آپ کو آنا ہے بار بار"
"دیوار و در کو غور سے پہچان لیجئے"
ایک بھر پور طنز آج کے سیاست دانوں کے لئے۔
ایک دن زندہ جلائے جائیں گے
جل گیا جس طرح بے بس جعفری
آج ہیں کرسی کی عیاشی میں گم
دیکھنا اک روز مسلم ایم پی
ایک اور حقیقت نما قطعہ جدید دور کا المیہ احمد علوی کے رنگ میں۔
نئے دور میں یہ ہوا چل رہی ہے
نہ ممی ہیں دوشی نہ پاپا ہیں پاپی
کرشمہ یہ اپنی سمجھ سے ہے باہر
جو بیٹا پڑوسی کی ہے فوٹو کاپی
احمد علوی کے "طمانچے" معمولی کتاب نہیں بھاری بھر کم قہقہہ ہے اگر آپ ناتواں

ہیں تو پھر اس کتاب کو اپنی بیوی یا محبوبہ کے ساتھ مل کر لطف اٹھایئے۔ خود بھی پڑھیئے محبوبہ بیوی اور پڑوسن کو بھی سنایئے۔ جی ہاں ہنسیے اور ہنسایئے کہ اکیسویں صدی اپنے دہے میں داخل ہو چکی ہے۔ اور امریکہ ایسا دنیا کا سب سے بڑا دہشت گرد جس نے ایک سچے خدا پرست اسامہ بن لادن کو بدقت تمام مار گرایا اور اب معمر قذافی کا بھی کام تمام کر دیا۔ امریکہ کی ناجائز اولاد اسرائیل، اس طرح اُچھل کود کر رہا ہے امریکہ کی ڈگ ڈگی پر ناچ ناچ کر فلسطینیوں کا جینا دو بھر کر رہا ہے۔

احمد علوی کا دعویٰ ہے کہ اگر اوبامہ کو طمانچے پڑھوا دیا جائے۔ تو نیتن یاہو سنتے ہی اعلان کر دے گا۔

بھر نہیں پائے گا کسی صورت
زخم یہ سالوں سال جوتے کا
پل میں ظالم کو کر دیا رسوا
سب نے دیکھا کمال جوتے کا

عالمی گونج بننے والا جوتا چچا سام کو اپنے ساتھ لے گیا۔ اب دوسرے ہم شکل کی باری ہے احمد علوی کا طمانچے بھی جوتا بن سکتا ہے۔ اگر کوئی اسامہ بن لادن پیدا ہو جائے تو۔۔۔

***

حقانی القاسمی

(معروف نقاد و محقق)

شہر ناطق گلاؤ ٹھی سے ہی تعلق ہے احمد علوی کا، جن کا مجموعہ طنز و ظرافت 'طمانچے' کے عنوان سے شائع ہوا ہے۔ اس سے قبل ان کا مجموعہ 'صفر' ۱۹۹۲ء میں شائع ہوا تھا۔ یہ ایسے مزاح گو شاعر ہیں جو عصری، سیاسی، سماجی موضوعات پر مضبوط پکڑ رکھتے ہیں۔ بات سے بات پیدا کرنے کے ہنر سے واقف ہیں۔ اور معمولی وقوعے کو غیر معمولی بنا دینے کے آرٹ سے بھی باخبر ہیں۔ کہیں کہیں تضمین اور معمولی تحریف سے بھی نکتہ پیدا کرنے کی انہوں نے کامیاب کوشش کی ہے۔

تو ہی ناداں ایک بیوی پر قناعت کر گیا
ورنہ گلشن میں علاجِ تنگیِ داماں بھی تھا

تنوع اور تحیر کی کیفیات نے ان کے مزاحیہ اشعار کو عوامی مقبولیت بھی عطا کی ہے۔ احمد علوی نے سماج اور سیاست کو محدب شیشے سے دیکھا ہے۔ اور اس کی خوبیوں اور خرابیوں کو طنز و مزاح کے پیرائے میں پیش کیا ہے۔ ایک قطعہ سے ان کے رنگ سخن کا اندازہ لگایا جا سکتا ہے۔

آج کل یورپ کے ہر اک شہر میں
ہو رہی ہیں شادیاں ای میل سے
ہم مگر ہیں آج تک پچھڑے ہوئے

کر رہے ہیں شادیاں فی میل سے

یوسف ناظم نے مزاحیہ شاعری کے عروج کے نام سے احمد علوی کی توصیف کرتے ہوئے لکھا ہے کہ احمد علوی میرٹھ کے باشندے ہیں،ان کی پرورش میرٹھ اور پیدائش بلند شہر جیسے بلند وبالا شہر میں ہوئی۔ ان دونوں شہروں کی مٹی اور پانی سے احمد علوی کی مزاح گوئی کی پرورش وپرداخت ہوئی۔

احمد علوی کے مزاحیہ اشعار میں میرٹھ کی کتنی مٹی اور بلند شہر کا کتنا پانی ہے اس کا پتہ لگانا قارئین کی ذہانت پر منحصر ہے۔ طمانچے میں شامل یوسف ناظم، ساحل احمد، اور منظور عثمانی کے تشجیعی کلمات طنز ومزاح میں احمد علوی کی اہمیت کا احساس دلاتے ہیں۔

٭٭٭

صبیحہ شکیل
(ریسرچ اسکالر)

جدید دور کی مشینی زندگی میں آج کا انسان ہنسنا ہی بھول گیا ہے، لیکن بھلا ہو ان مزاحیہ شاعروں کا جنہوں نے اس مصروف ترین زندگی سے چند لمحے ہنسی کے نام کر دیئے ہیں۔ ان لمحوں میں انسان اپنے تمام غم مشکلات اور پریشانیوں کو درکنار رکھ کر ہنسی کا بھر پور لطف اٹھاتا ہے۔

طنزیہ مزاحیہ شاعری میں ایک نمایاں نام احمد علوی کا بھی ہے، جن کی شعری کائنات ہنسی مزاح کی روشنی سے منور ہے۔ ان کے ذکر کے بغیر مزاحیہ شاعری کی تاریخ ادھوری رہے گی۔ طنز و مزاح کے پیرائے میں اکثر و بیشتر وہ کام کی بات کہہ جاتے ہیں۔ انہوں نے طنزو تلخ اور کہیں مزاحیہ انداز میں حیات و کائنات کی ترجمانی کی ہے۔

طمانچے ان کا دوسرا مجموعہ کلام ہے جس میں مزاح کے ساتھ ساتھ تلخی بھی شامل ہو گئی ہے۔ طمانچے طنزیہ شاعری کا ایسا انتخاب ہے جو آپ کو نہ صرف ہنسی مذاق کے ساتھ ساتھ غور و فکر بھی دعوت دیتا ہے بلکہ طبیعت کو فرحت و انبساط بھی عطا کرتا ہے۔ ایسے میں ان کا کمال یہ ہے کہ وہ فن کی لطافت کو باریکی سے بچا لے جاتے ہیں۔

آپ نے طنز و ظرافت کے پس پردہ ان تمام مکروہات کی نقاب کشائی کی ہے جو سماج میں ناسور کی حیثیت رکھتے ہیں، لیکن انہوں نے کمال ہنر کا ثبوت دیتے ہوئے مزاح کے حسن کو بحال رکھا ہے۔

طمانچے دراصل ان کی شگفتہ طبیعت کا آئینہ دار ہے، جس میں زندگی و معاشرے سے تعلق رکھنے والے تمام افراد و اشخاص شامل ہیں۔ انہوں نے دوستی، لیڈر، بیوی، گھر داماد، اور ڈاکٹر وغیرہ کو بھی نہیں بخشا، کیونکہ ان لوگوں کی شبیہ سماج میں بہت خراب ہو چکی ہے۔ لیڈران کی دوہری شخصیت سب پر واضع ہے جو بظاہر سیدھے سادھے معلوم ہوتے ہیں لیکن در حقیقت ان کے اندر شیطان چھپا ہوتا ہے، جو سامنے آنے اور سچائی کا اعتراف کرنے سے گھبراتا ہے۔ اس طرف احمد علوی نے خوب اشارے کیئے ہیں جس میں مزاح کے پہلو کے ساتھ طنز کا پہلو بھی شامل ہے۔

نہ بیویوں سے نہ یہ بیلنوں سے ڈرتے ہیں
مشین گن سے نہ ایٹم بموں سے ڈرتے ہیں
عدالتوں سے بھی خائف نہیں کئی لیڈر
مگر چھپے ہوئے کچھ کیمروں سے ڈرتے ہیں

نیتا جی کے کریہ کرم کے لئے چندہ وصول کرنے والوں سے یہ کچھ اس طرح مخاطب ہیں۔

دس کے بدلے سو روپے کا نوٹ مجھ سے لیجئے
پورے دس نیتاؤں کی انتیشٹی کر دیجئے

احمد علوی نے لسانی تجربے بھی کیے ہیں، جس میں ان کی جدت اور ندرت محسوس کی جا سکتی ہے۔ انہوں نے اپنے کلام میں انگریزی الفاظ کا استعمال بھی نہایت پر اثر طریقے سے کیا ہے اور ان کی یہ کاوش حد درجے کامیاب بھی ہوئی ہے۔

میرا خیال ہے کہ ایکسپورٹ ان کا کر دو
اس کنٹری میں لیڈر کنفیوز ہو رہے ہیں

اب دوستی کا مطلب شائد یہی رہا ہے
تم یوز کر رہے ہو ہم یوز ہو رہے ہیں

ازدواجی تلخی اور رشتوں کے کرب کا اظہار ان کی فطرت میں شامل ہے کیونکہ یہ معاشرے کا مطالع کافی گہرائی اور گیرائی سے کرتے ہیں۔ اپنی نظم اشتہار میں انہوں نے آج کے شوہروں کی حالت کچھ اس طرح بیان کی ہے۔

ایک دن دل میں خیال آیا چلو شوہر بنیں
خوبصورت خوب سیرت کوئی بیوی ڈھونڈ لیں
اس غرض سے دے دیا اخبار میں اک اشتہار
ایک بیوی چاہیے ہو خوبرو و ہوشیار
سارے بھارت سے ملے خط مجھ کو یارو بے شمار
ایک بھی خط سے نہ آئی خوشبوئے انفاسِ یار
شوہروں نے سارے خط لکھے تھے اپنے خون سے
میں پریشاں اس قدر ہوں آج کی خاتون سے
ایک ہی جملہ لکھا تھا سب خطوں میں بار بار
میری بیوی لیجئے احسان مانوں گا ہزار

طمانچے میں ہزلیں، نظمیں، اور قطعات شامل ہیں جن میں تازگی بھی ہے اور برجستگی بھی ان کے فکرو فن کے اعتراف میں اکابرین ادب یوں رطب اللّساں ہیں۔ ان کے لسانی تجربے کی طرف ساحل احمد لکھتے ہیں۔

احمد علوی کا طریقِ شعر یہ ہے کہ وہ بدرو رشتوں کو لعن، طعن کی زنجیر پہنانے سے گریز نہیں کرتے وہ صرف طنزیہ طریقے سے ہی نہیں پہلوئے مزاح سے بھی کام لیتے

ہوئے ان بہروپیوں کو بے نقاب کرنے میں کسی رورعایت سے کام نہیں لیا، وہ اس لیئے کہ طنز ومزاح کی ہم رشتگی، شیر وشکر جیسی ہے، مزاح نگار حیات دوروزہ کا ناقد بھی شارح بھی اور مصور بھی ہے۔

یوسف ناظم نے ان کی مزاحیہ شاعری کو کچھ اس طرح بیان کیا ہے۔

طمانچے کے مطالعے سے پتہ چلتا ہے کہ احمد علوی کا مطالع بہت وسیع ہے۔ ان کے کینوس میں طنز وظرافت کے مختلف رنگ میں جو سادگی اور پرکاری کے ساتھ اس کے حسن کو دوبالا کرتے ہیں۔ ان کی شاعری طمانچوں کی نہیں دبی دبی آنچوں کی شاعری ہے ہنسی ہنسی میں علوی بہت کچھ کہہ دیتے ہیں۔ ان کی مصروفیت بہت ہے لیکن وہ جانتے ہیں کہ ان میں سب سے اچھی مصروفیت مزاح گوئی ہے۔

***

ساحل احمد

(معروف شاعر دانشور نقاد)

تندی و تیزی، ترشی و تلخی، نشتریت و تیزابیت کا عیوب و نقائص، نفاق و تفرقہ، بغض و عناد اور نشتریت کو نہ صرف مشرح کرتی ہے بلکہ ناقصہ صیغوں سے گریز کرنے کا مشورہ بھی دیتی ہے اور پھر یہی ظرافت اعانتی رشتے سے معاشرے کو ان خفی و جلی کڑواہٹوں سے دور رکھتی ہے اور یہی صیغہ احساس الگ الگ معنوں میں مستعمل ہے۔ مثلاً ہزل، ضلع، جگت، لطیفہ، اور ہجو، اردو میں ان اصطلاحات کا استعمال نحوی طریق سے کرنے کی سعی ہوتی رہی ہے۔ الفاظ و تراکیب سے اس نحوی استعمال سے فاسد نوشتوں کو بے نقاب کرنے میں خاصی مدد ملی ہے۔ اس سلسلے میں بعض اخبارات و رسائل نے معاشرت کی اس بد روئی کو رونما کرنے میں خاصہ اہم رول ادا کیا ہے۔ اکبر الہ آبادی، ظریف لکھنوی، احمق پھپھوندوی، فکر تونسوی، کنہیا لال کپور، ماچس لکھنوی، دلاور فگار پطرس بخاری، فرقت کاکوروی، رضا نقوی واہی، مجتبیٰ حسین، رشید احمد صدیقی، وغیرہ نے اپنی ذہانت و ذکاوت کی شمع روشن کرتے ہوئے فکر و فریب کے چہروں کو بے نقاب کر دیا ہے۔

احمد علوی کا طریقِ شعریہ، بدرور نشتوں کو لعن طعن کی زنجیر پہنانے سے گریز نہیں کیا، صرف طنزی طریق سے ہی نہیں پہلوئے مزاح سے بھی کام لیتے ہوئے ان بہروپیوں کو بے نقاب کرنے میں کسی رو رعایت سے کام نہیں لیا، وہ اس لئے کہ طنز و مزاح کی ہم

رشتگی، شیر و شکر جیسی ہے۔ مزاح نگار حیات دوروزہ کا ناقد بھی مصور بھی اور شارح بھی۔ وہ ایک وقت میں ہر رخِ ثالثہ سے زندگی اور طریقِ زندگی کی تشریح کرنے اور نیکی بدی کے فرق و مزاحمات کو مشروح کرنے کا ہنر جانتا ہے احمد علوی کے ان ذیلی قطعات سے اس کی توضیح ہو جاتی ہے۔

میں سب کچھ ہوں مگر جھوٹا نہیں ہوں
خدا کے فضل سے نیتا نہیں ہوں
شہیدوں کے کفن تک بیچ کھاؤں
کمینہ ہوں مگر لگتا ہوں

جس طرح غنڈوں کے غنڈے ہیں رفیق
دوست ہوتے ہیں شریفوں کے شریف
سب کی قسمت میں نہیں ہیں قہقہے
بس ظرافت کو سمجھتے ہیں ظریف

نہ بیویوں سے نہ یہ بیلنوں سے ڈرتے ہیں
مشین گن سے نہ ایٹم بموں سے ڈرتے ہیں
عدالتوں سے بھی خائف نہیں کئی لیڈر
مگر چھپے ہوئے کچھ کیمروں سے ڈرتے ہیں

بڑھاتا کون قبرستان میں قبروں کے ریٹ علوی
اگر ہوتے نہیں وید و حکیم و ڈاکٹر پیدا
مریضوں کا یونہی بے موت مر جانا ضروری ہے
"کہ خونِ صد ہزار انجم سے ہوتی ہے سحر پیدا"

ٹوٹ جائیں گے ہاتھ اور پاؤں
تو یہاں ڈان وان مت بنیو
اس میں سلمان خان رہتا ہے
اس گلی میں پٹھان مت بنیو

اس طرح انہوں نے صیغہ غزل میں طنزی گل پاشیاں کی ہیں، غزل کے اس مزاج حسنہ کے پردے میں ان چھپے بدرو چہروں کو بے نقاب کرتے ہوئے ان منافقانہ رشتوں، بدگویوں، اور دغا بازیوں کی ہر وہ پول کھول دی ہے جس سے معاشرے میں گندگی اور منافرت پھیلتی ہے۔

احمد علوی نے طنز و مزاح کے اسی رشتے کو شیر و شکر کرتے ہوئے ملکی حالات، سیاسی مدو جزر اور معاشرے کے غیر صحت مند رجحانات کو اپنی قوتِ فکریہ سہ ہدفِ ملامت بنا نے کی ہر ممکنہ کوشش کی ہے۔ لیجئے کچھ اشعار بھی ملاحظہ فرمالیں۔

حاصل وصول کچھ نہیں ہوگا تمام عمر
پاؤ دبا رہے ہیں جو سرمائے دار کے

ملاجب کالا دھن ہم کو برائٹ ہو گیا سب کچھ
بدن، ملبوس، گھر باہر کہ وہائٹ ہو گیا سب کچھ

اب دوستی کا مطلب شاید یہی رہا ہے
تم یوز کر رہے ہو ہم یوز ہو رہے ہیں

ہر بات وہ دلیل سے کرتا ہے اس طرح
جیسے تمام علم اک جاہل میں گھس گیا

سنا ہے شوق ہے اس کو بھی پہلوانی کا

چلو کہ اس سے بھی دو ہاتھ کر کے دیکھتے ہیں

تمہارے باپ کو اب اعتراض ہو تو ہو

تمہاری یاد میں دل بے قرار ہے تو ہے

انہوں نے انتہائی بے تکلفی اور شائستگی کے ساتھ انگریزی الفاظ کو بھی قبولنے اور برتنے کا موثر طریقہ اختیار کیا ہے، اور انہیں ہندی و اردو کی ہی طرح معنی و مفہوم کے قریب کیا ہے۔ یہ بہت بڑی خوبی ہے کہ انہوں نے بہت عمدگی کے ساتھ ان تمام عصری حسیّات اور رویوں کو بغیر کسی لاگ لپیٹ یا آناکانی کے استعمال کرنے کی ہر ممکنہ کوشش کی ہے، اور اس رشتہ طنز و مزاح کی اعانت سے ہر خفی و جلی رویہ کو خواہ وہ معاشی ہوں یا معاشرتی، منّور کرنے کی ہر امکانی سعی کی ہے۔ ان کی یہ سعیِ شعریہ لائقِ تحسین اور لائقِ ایقان بھی ہے۔ ہاں ان کی نظمیں ہوں یا پیروڈیاں ہر ہیئتی اشکال میں یہی خوبی، یہی فکر، یہی سوچ اور یہی انداز موجود ہے۔ غرض کہ احمد علوی اپنی جودتِ حسنہ اور نشتری لہجے سے اسی عمل کے پیرو ہیں جو ایک مصلح کا اور ایک راست گو کا ہو سکتا ہے۔

* * *

منظور عثمانی

(معروف طنز و مزاح نگار)

مزاح نگار ہنستا ہے جب طنز نگار ڈستا ہے، لیکن رشید احمد صدیقی کے خیال میں طنز کسی کی آبروریزی یا اپنی نالائقی کی تسکین کے لئے نہیں ہے "کیونکہ بغیر مزاح کے طنز گالی بن کر رہ جاتا ہے۔ اسے ملائمیت اور نشتریت کا خوشگوار امتزاج ہونا چاہئیے۔

مزاح نگار گھونسا جڑ دینے سے پہلے پیٹھ سہلاتا ہے یا چٹکی بھرنے سے پہلے گدگداتا ہے۔(یوسف ناظم)

مشتاق احمد یوسفی صاحب نے ابنِ انشا کے فن کے بارے میں لکھا ہے "کہ بچھو کا کاٹا روتا اور سانپ کا کاٹا سوتا ہے لیکن ابنِ انشا کا کاٹا سوتے میں بھی مسکراتا ہے "میری رائے میں طنز و مزاح نگار کے لئے یہی کسوٹی ہونی چاہئیے۔

محسوس ہوتا ہے کہ احمد علوی خاصے باخبر انسان ہیں انہیں اساتذہ کے مقرر کردہ پیمانوں کی مکمل جانکاری ہے تب ہی تو ان کے ہدف طمانچے کھا کے بھی مسکراتے ہیں۔

ہمارممدوح پیدا تو ۱۵ ستمبر ۱۹۵۶ء (ہائی اسکول کی سند میں درج عمر کے مطابق) ناطق کے وطن گلاؤٹھی میں ہوئے لیکن تعلیم و تربیت اس سرزمین میں ہوئی جہاں سے ۱۸۵۷ء کا شورِ محشر اٹھا تھا یا جہاں کے عظیم سپوتوں نے اپنی رب کی نعمتوں کا شکر ادا کرنے کے لئے گائے کو وسیلہ بنایا تھا۔ یہیں سے گریجویشن کیا اور یہیں جناب استاد شاعر عظمت کاظمی کی سرپرستی میں اپنے ذوقِ شاعری کی آبیاری کی۔

موصوف کوچہ ادب میں نو وارد نہیں ہیں آپ کا ورود اس بزم میں بہ حیثیت سنجیدہ شاعر کے ہوا جب آپ کا مجموعہ "صفر" کے عنوان سے ۱۹۹۲ء میں منصۂ شہود پر نمودار ہوا۔ اس سے پہلے بھی آپ کا ایک ڈرامہ ۱۹۷۵ء "ٹماٹر کے چھینٹے" اچھی خاصی شہرت پا چکا تھا۔

"طمانچے" طنزیہ مزاحیہ شاعری کا انتخاب آپ کی دوسری کاوش ہے۔ سوال یہ ہے کہ احمد علوی اچھی خاصی سنجیدہ شاعری سے مزاحیہ شاعری پر کیوں اتر آئے ممکنہ جواب یہی ہو سکتا ہے کہ دلاور فگار سیّد ضمیر جعفری (جن سے بہت متاثر ہیں) جیسے پرلے درجے کے ادیبوں کی صحبت بد میں پڑ کر خراب ہوگئے۔ خیال رہے کہ یہ خیال ہمارا نہیں بلکہ ان خرابوں (طنز نگاروں) کے امام پدم شری مجتبیٰ حسین کا ہے۔ ان کا خیال ہے کہ ہمارے نام نہاد ادب کے ٹھیکیداروں کی نظر میں طنزیہ مزاحیہ ادب دوسرے درجے کا ادب ہے، جس پر یوسف ناظم نے جل کر کہا تھا" جی ہاں دوسرے درجے کا ادب اس لئے ہے کیونکہ اردو میں اوّل درجے کا ادب تخلیق ہی نہیں ہو رہا ہے۔ ہندوستان میں ہنسنے کا رواج ذرا کم ہے، منھ پھلائے رکھنا دانشوری کی علامت سمجھا جاتا ہے۔ جہاں کسی کو خوش دلی کا مظاہرہ کرتے یا ہنستے ہوئے پایا بگڑا چہرہ زبانِ حال سے تنبیہ کرتا محسوس ہوتا ہے کہ "تجھے اٹکھیلیاں سوجھی ہیں ہم بیزار بیٹھے ہیں"

عصر حاضر کے سب سے بڑے مزاح نگار (جن کے بارے میں برسوں پہلے رشید احمد صدیقی نے کہا تھا کہ ہم عہدِ یوسفی میں جی رہے ہیں) نے بھی اس پر مہر ثبت کرتے ہوئے یوں فرماتے ہیں" ہم میں ہنسنے کا حوصلہ کم ہے چنانچہ صورت حال یہ ہے "نہ کوئی خندہ رہا اور نہ کوئی خندہ نواز"

ناچیز کی رائے میں مردہ دلی منشائے ایزدی کی سراسر نفی ہے کیونکہ انسان واحد

مخلوق ہے جسے ہنسی جیسی نعمت سے نوازا گیا ہے۔ انسان کی زندگی غم و آلام، یاس و حرماں، نا آسودہ حسرتوں سے پر ہے غنیمت ہے ان تاریکیوں کے بیچ حس مزاح کا ٹمٹماتا دیا ہے جو یاس کو ہچکیوں میں تبدیل ہونے سے بچائے رکھتا ہے۔ بقول اسٹیفن کیکاک " دنیا میں آنسوؤں کی فراوانی ہے لیکن یہ کتنی خوفناک جگہ ہوتی اگر آنسوؤں کے علاوہ کچھ نہ ہوتا "

عجیب بات ہے یوں تو خلوت جلوت ہر جگہ مزاح کی چاشنی اور طنز کی نمکینی پسند کی جاتی ہے لیکن جب صنفِ ادب میں ریٹنگ کا سوال آتا ہے تو اس پر دوسرے درجے کے ادب کا ٹھپّہ لگا دیا جاتا ہے۔ میرے خیال میں طنز و مزاح کو غیر سنجیدہ صنف یا دوسرے درجے کا ادب کہنے والے خود احساسِ کمتری کا شکار ہیں۔ ان کے رویے میں کبڑی بڑھیا کی نفسیات کارفرما ہے۔ ایسے ہی ایک خشک مزاج ناقد کے بارے میں رام بابو سکسینہ نے کہیں لکھا ہے کہ دورانِ تحریر اگر شگفتگی کا اظہار سرزد ہو بھی جاتا تو نظر ثانی کرتے وقت قلم زد کر دیتے ہیں (الفاظ میرے) اسی قبیل کے نمائندہ افراد نے میاں نظیر جیسے فقیر و مثال شاعر کو " ناشاعر قرار دیا تھا۔ جب کہ حقیقت یہ ہے کہ مزاح نگار سنجیدہ ادیب سے زیادہ ذہین فطین اور زبان کا ماہر ہوتا ہے۔ یہ ہر کسی کے بس کا روگ نہیں۔ یہی سبب ہے کہ کسی بھی زبان میں مزاح نگاروں کی ریل پیل کبھی نہیں رہی۔ ع

" بڑی مشکل سے ہوتا ہے چمن میں دیدہ ور پیدا "

طمانچے کے سرسری مطالعے سے پتہ چل جاتا ہے کہ احمد علوی کا کینوس بہت وسیع ہے ان کی نظر سے کچھ پوشیدہ نہیں جگر نے کہا تھا۔

جب کہیں حادثہ کون و مکاں ہوتا ہے
سب سے پہلے دلِ شاعر پہ عیاں ہوتا ہے

کچھ ایسی ہی کیفیت یہاں بھی ہے اپنے ارد گرد پھیلی ہوئی اونچ نیچ ناہمواری

بھونڈے پن پہ نہ صرف ان کی نظر پڑتی ہے بلکہ یہ سماج کی ان دکھتی رگوں کو ملائمیت کے ساتھ چھیڑتے بھی ہیں۔ وہ ہوائی تیر نہیں چلاتے سارا مال مسالہ سماج کے بیچ رہ کر اخذ کرتے ہیں ذیل میں چند نمائندہ اشعار ملاحظہ فرمائیں۔

لکھ ڈالے شاعروں نے جو اشعار بے شمار
ایسا کہاں کا حسن ترے تل میں گھس گیا

اب دوستی کا مطلب شاید یہی رہا ہے
تم یوز کر رہے ہو ہم یوز ہو رہے ہیں

گر کوئی دلا دیتا ڈاکٹریٹ کی ڈگری
میں قبر اردو کی آج کھودتا ہوتا

اللہ کی اماں پہ بھروسہ نہیں رہا
شاہی امام اب ہیں پولس کی پناہ میں

مریضوں کا یونہی بے موت مر جانا ضروری ہے کہ خونِ صد ہزار انجم سے ہوتی ہے سحر پیدا

قاتلوں میں مقام رکھتا ہو
قابلیت تمام رکھتا ہوں

میں بھی حقدار ہوں وزارت کا
اپنے سر پر انعام رکھتا ہوں

چل دیئے ڈھونڈنے جناب کہاں
وہ پری چہرہ ماہتاب کہاں

سارے عربوں کو ایکسپورٹ ہوئے

حیدر آباد میں گلاب کہاں

اس کے علاوہ "اقبال جرم" کے عنوان سے شکوہ کی پیروڈی "درباری مسلمان" "کرسی نہیں چھوڑوں گا" بھی خاصے کی چیز ہیں انہیں پڑھ کر احمد علوی کی کئی بیش بہا صلاحیتوں کا اندازہ ہو جاتا ہے۔

شیفتہ سادہ بیانی نے ہمیں چمکایا
ورنہ صنعت بہت لوگ ہیں ہم سے آگے

شاید یہی سبب ہے کہ احمد علوی ہندی داں طبقے میں یکساں طور پر پسند کئے جاتے ہیں۔ شاید یہ کہنا غلط نہ ہو گا کہ وہ اردو سے بھی زیادہ ہندی کے حلقوں میں معروف ہیں کیونکہ وہ ہندی میں لکھتے ہی نہیں بلکہ ایک ہندی کے رسالے "بھوبھارتی" سے وابستہ بھی ہیں اس کے علاوہ وہ قلم سمّان اور ویسٹرن یوپی جرنلسٹ ایسوسی ایشن کے ذریعے سمّانت کئے جا چکے ہیں۔ کراچی پاکستان سے چھپنے والی ضخیم کتاب "تذکرہ شعرائے میرٹھ میں بھی ان کا پر ایک تین صفحات پر مشتمل وقیع مضمون شامل کیا گیا ہے۔

احمد علوی نے اپنی کئی نظمیں اور قطعات معروف لطائف کے پس منظر میں تخلیق کئے ہیں گو وہ اپنے اس قطعے میں اس پر طعنہ زن بھی ہیں۔

نظمیں کہہ ڈالیں بن گئے شاعر
چٹکلوں کے لطیف منظر میں
فرق کرنا بہت ہی مشکل ہے
ایک شاعر میں اور جوکر میں

لیکن یہ بات بہر حال ان کے حق میں جاتی ہے کہ انہوں نے ان لطائف کو برتا بہت سلیقے سے ہے۔ سادگی و پرکاری کے ساتھ ان کے حسن بیان کو سراہا جانا چاہئیے

اپنے بہت سے قطعات میں انہوں نے اساتذہ اور فلمی بولوں کا تصرف کیا ہے کہیں کہیں تحریف بھی کی ہے۔ جس سے قطعے کا حسن دوبالا ہو جاتا ہے۔ تصرف یا تحریف آسان کام نہیں ہے اس میں جڑیے (سنار) جیسی مہارت درکار ہے کہ پڑھنے والا بے اختیار پکار اٹھے کہ یہ نگ یہیں کے لئے بنا ہے۔

ہر قدم پہ تھا زمانے میں ہجوم دلبراں
اور ان پھولوں کو پالینا تجھے آساں بھی تھا
تو ہی ناداں ایک بیوی پہ قناعت کر گیا
"ورنہ گلشن میں علاجِ تنگیِ داماں بھی تھا"

بس ایک رات میں ہی بیوہ ہو گئی دلہن
نکاح اسّی برس میں میاں نے خوب کیا
سہاگ رات میں بلّی نہ مار پائے تو کیا
"مقابلہ تو دلِ ناتواں نے خوب کیا"

ہزاروں کوششوں کے بعد بھی جب ایک بچے کو
کسی صورت نہ کر پائے حکیم و ڈاکٹر پیدا
تبھی اک ماہرِ اقبال نے ارشاد فرمایا
"بڑی مشکل سے ہوتا ہے چمن میں دیدہ ور پیدا"

اُٹھائے اینٹ اور پتھر مری تلاش میں ہے
جہاں بھی جاؤ برابر مری تلاش میں ہے
"میں جس کے ہاتھ میں اک پھول دیکے آیا تھا"
اسی حسین کا شوہر مری تلاش میں ہے

عید کے روز یہ فرمانے لگے مولانا
آپ مسجد میں نظر آتے ہیں بس سالانا
میں نے برجستہ کہا ان سے جناب عالی
بے سبب تو نہیں یہ فعل مرا کفرانا
اس لئے روز نہیں آتا خدا کے گھر میں
"قدر کھو دیتا ہے ہر روز کا آنا جانا"

ستّر برس میں سوجھی ہے شادی کی آپ کو
اس عمر میں یہ پھول کھلائے تو کیا کیا
دو کھوپڑی پہ بال ہیں دو منھ میں دانت ہیں
"سب کچھ لٹا کے ہوش میں آئے تو کیا کیا"

مختصر یہ ہے کہ احمد علوی کے مزاحیہ کلام میں زبان و بیان کا حسن، سادگی و پرکاری دلچسپ موضوعات کا تنوع، فکر انگیزی، برجستگی، و بے ساختگی دیکھتے ہوئے بجا طور پر امیّد کی جاسکتی ہے کہ مزاحیہ شاعری میں احمد علوی ایک اہم نام کے طور اپنا مقام بنائیں گے۔ احمد علوی کے "طمانچے" قارئین کے چہروں پر لطف و انبساط کی وہ کیفیت پیدا کریں گے جو احمد علوی جیسے فن کار کا جائز حق ہے میں انہیں ان پر مزاح اور پر بہار تخلیقات دلی مبارک باد پیش کرتا ہوں۔

***

ڈاکٹر امتیاز وحید

(معروف نقاد)

طنز اپنی کیفیت میں طبیب کا عمل جراحی ہے تو مزاح نشتر سے پیدا شدہ زخم کو مندمل کرنے کا نام۔ فکاہیہ ادب میں یہ دونوں کیفیات تشخیص مرض سے لیکر صحت یابی اور افاقے کی علامتیں ہیں، حفظان صحت کی طرح حفظانِ انبساط کی روایت وجودِ انسان سے علاقہ رکھتی ہے، اندازہ ہے کہ انسان جب پہلی بار کسی تکلیف سے رویا ہوگا تو اسی لمحہ فطرت نے کسی بہانے اس کے ازالے کی صورت بھی پیدا کی ہوگی۔ گویا مسّرت درد کی کوکھ سے جنم لینے والی کیفیت ہے، جو غم سے باہم شیر و شکر ہو کر صحت مند زندگی کا تصور اجاگر کرتی ہے۔ تمدن کے ارتقائی عمل میں طنز کا کلیدی کردار انتشار حیات سے گلو خلاصی کی صورت میں ہمیشہ موجود رہا ہے۔

اردو ادبیات میں اوّلاً یہ روائتیں گرچہ درباری سطح پر معرض وجود میں آئیں، شعراء کی آپسی چشمکوں نے بھی اس کا قافیہ تنگ کرنا چاہا، مگر جلد ہی یہ عوامی دھارے میں تبدیل ہو گئیں اور وہ سوتے جو ہجو، معاصرانہ چشمک اور ہزلیات کی راہ سے پھوٹے تھے غالب اودھ پنچ اور اکبر الہ آبادی متوج آبشار کی صورت میں تبدیل ہو گئے، نشاط و نشتر کی یہ انجمن آج بھی قائم ہے اور اسی کے دھارے آج کی معاشرت کو حشو زائد سے اُبرنے کا حوصلہ فراہم کر رہے ہیں۔

احمد علوی ماضی کی اسی توانا روایت کا حصہ ہیں اور طبیب کی طرح حفظان انبساط کے

فرائض سے نبرد آزما ہیں، تحفیظِ انبساط تردیدِ مکدرات چاہتی ہے معالج کی طرح فاسد خون کا بہاؤ ہی صحت و توانائی لاتا ہے، احمد علوی پچھلی دو دہائیوں تطہیر معاشرت میں منہمک ہیں۔ اور شعوری طور پر ان زخموں کو کریدتے ہیں جو حیات و کائنات کو مجروح کر رہے ہیں ایسا کرتے ہوئے ان کا فن جعفر زٹلیؔ کی بے باک روایت پرستی کا امین ہو جاتا ہے۔ چند اشعار دیکھیے۔

داڑھی کو طالبانی علامت کہے جانے کے پس منظر میں۔

چھوڑ کاغذ قلم و کمپیوٹر
لیکے ہاتھوں میں استرا یارو
رام دیو کے من موہن سنگھ کے
ہے تعاقب میں عدلیہ یارو

مبارک ہو نیائے مورتی کو
تمہارے عدل کا ہے کوئی ہے ثانی
اگر داڑھی ہے طالبانی سمبل
تو ہے پی ایم اپنا طالبانی

بش کو جوتے سے نوازے جانے پر۔

وہ ہے دنیا کا نامور غنڈہ
اس پہ تنقید کس کے بوتے کی
اس کو کیسے کہوں سپر پاور
جس کی اوقات ایک جوتے کی

امن کا نوبل پرائز صدرِ امریکہ براک اوبامہ کو ملنے پر۔

سوچتا ہوں امن کا کیسے فرشتہ بن گیا
جس کا کلچر ہی ہمیشہ سے رہا بندوق کا
امن کا نوبل پرائز مل گیا کیسے اسے
قتل گردن پہ ہے جس کی ان گنت مخلوق کا

زعفرانی سیاست پر گجرات کے پس منظر میں۔

سرخ گجرات میں کیسر کی ہے رنگت یارو
کتنی مکروہ ہے ووٹوں کی سیاست یارو
کام یہ سیکھیے جا کر نریندر مودی سے
کس طرح ہوتی ہے لاشوں پہ حکومت یارو

نکسلی اور کشمیری رویے کے پس منظر میں۔

سرخ نکسل وادیوں کی ذہنیت تو زرد ہے
ان کی دہشت گردیوں پر سب کا لہجہ سرد ہے
ہم نوا کشمیریوں کا کوئی کیا ہمدرد ہے
پتھروں سے لڑنے والی قوم دہشت گرد ہے
نکسلی اپنے ہیں دشمن وادیِ کشمیر ہے
ملک میں قومی سیاست کی یہی تصویر ہے

متذکرہ تلمیحات میں فن کار کا مشاہدہ نہ صرف ملک اور گرد و پیش کا سماج ہے بلکہ ملکی اور عالمی مسائل اور ناہمواریاں ایک ساتھ ان کے فکاہیہ وجدان کا حصہ بن گئی ہیں جو ملک اور عالمی معاشرت کو اصلاحی اقدام پر ابھارتی ہیں۔

ہر عہد کے مخصوص ماحول موضوعات اور مزاج کی نمائندگی کے کے حوالے سے

احمد علوی کے یہاں تنوعات کی کمی نہیں، احمد علوی کا ہائی ٹیک عہد ان کی مزاحیہ شاعری میں پوری طرح عیاں ہے، برانڈ کا خبط ہو یا ملاوٹ کی لعنت، مہنگائی ہو یا ٹنڈے حاجی کی آڑ میں چوری ہیرا پھیری، سیاست اور کرسی کا کرشمہ میزائیل کا خوف رو بہ زوال امریکی معیشت یا پڑی لکڑی کی صورت میں تسلیمہ نسرین اور سلمان رشدی کا قضیہ یا روس کی نادانیاں اسرائیل کے تباہ کن مستقبل کی پیشن گوئی، مودی کے ہاتھوں مسلم نسل کشی کا ماجرہ اور حق و باطل کی جنگ میں موسیٰ کے بالمقابل فرعون کا سبق آموز حشر ڈنڈے کی کرامت کی صورت میں پولس نظام کا محاسبہ، لوک پال کا شور و غوغہ اردو اور اہلِ اردو کے کشف و کرامات، غرض نگار خانہ علوی میں شاید ہی کوئی موضوع ان کی سرچ لائٹ سے بچ سکا ہو۔ یہ وہی سرچ لائٹ ہے جو کسی فن پارے کی نقد و تنقید میں ناقد اپناتا ہے۔ فن کار کا دائرہ اس معنی میں زیادہ کشادہ ہے کہ وہ محض کسی فن پارے کے توسط سے اپنی پسند و ناپسند کا اظہار کرتا ہے بلکہ اس کا سبجیکٹ حیات و کائنات میں آباد تمام انفس و اقدار ہوتے ہیں۔

سرچ لائٹ بنیادی طور پر ان گوشوں کو سامنے لاتا ہے جنہیں عام انسانی نظریں بآسانی نہیں دیکھ پاتیں یا جو کمیاں غیر محسوس طور پر صدیوں سے ہماری روایت کا حصہ ہونے کے سبب معیوب نہیں لگتیں، ان پہلوؤں پر مضحک روشنی قاری کو کچوکے لگاتی ہے اور غلطی کا احساس کراتی ہے۔ احمد علوی کی سرچ لائٹ میں فطری رچاؤ ہے ان کا ظریفانہ مسلک محض ہنسی کے جذبے کو تحریک دینا نہیں بلکہ اس فن کے ذریعے فطری جذبہ تفریح کو اس طرح تحریک دینا ہے۔ کہ انسان کی طبیعت میں خود بخود انبساط و طرب کی کیفیت پیدا ہو جائے یعنی جذبہ تفریح کے فطری التزام کو جبراً ضائع نہ کیا جائے جس طرح ہنسانے کے لئے فن کا نہیں انگلیوں کا استعمال کیا جاتا ہے، لکنت، چارپائی، پکاسو کے

گدھے، خرّاٹے، کھٹّے انگور، قطار، شوہر کی تلاش، ہم جنسیت، تہلکہ، سکھ کا فارمولہ، کاغذی شیر، بوتل کا جن، کثرت، گھر کے نہ گھاٹ کے، نہلے پہ دہلہ، وغیرہ ایسے موضوعات ہیں جو عام ہوتے ہوئے بھی اپنے جلو میں انفرادیت بردار ہیں۔ بادی النظر میں ان موضوعات کے تئیں جو تاثر قائم ہوتا ہے وہ عموماً احمد علوی کے شئ دیگر نکلتی ہے مثال کے طور پر ان کی نظم "کثرت" کی طنابیں نماز، قیام، اور رکوع، وسجود سے حاصل ہونے والی جسمانی اور طبعی افادیت پر ٹوٹتی ہے اور کسرت کا عمومی تصور ریزہ ریزہ ہو کر مزاح کا محرک بن جاتا ہے۔

انگریزی الفاظ مصطلحات جنہیں احمد علوی کے یہاں مزاح کا وسیلہ بنایا گیا ہے ان میں ایڈیٹ، ڈفالٹر، سوائین فلو، برانڈ، بلینک چیک، ڈرائیور، فوٹو، انٹیر و گیشن، ڈرا کیولاز، قابلِ ذکر ہیں۔ یہ سبھی کسی نہ کسی صورت میں ہماری زبان اور معاشرت کا حصہ ہیں اور عہد جدید کی، ہنگلش کلچر کی نمائندہ بھی، لہٰذا اردو شعر و ادب میں ان سے پہلو تہی کی جانی چاہئیے یا نہیں یا اس کی حدیں کیا ہیں وغیرہ جیسے اختلافی امور سے قطع نظر یہ بات خوش آئند ہے کہ احمد علوی کے فکاہیہ فن پاروں میں یہ الفاظ و تلمیحات ع "کا البرق فی الدجی "کا درجہ رکھتے ہیں، حیرت تب ہوتی ہے جب ایسے اشعار اور بند بھی دیکھنے کو ملتے ہیں جو کلیتاً انگریزی بنا رکھتے ہیں جیسے یے قطعہ دیکھیں۔

ہی از پر یکٹیکل مین
آئی ایم ڈریم پرسن
ہی ہیز ٹچ دی اسکائی
آئی ایم گوپال ٹھن ٹھن

اسباب مزاح کے لیئے لفظ میں پوشیدہ امکان اور ذو معنویت بروئے کار لانے کے

دوام سے ذیل کے چند اشعار ملاحظہ ہوں۔

کار عظمت کی علامت بن گئی ہے آج کل
چودھری افسر ہیں لیڈر یا کہ ٹھیکیدار ہیں

کار والے کار آمد ہیں یہاں پر دوستو
اور جو ان کے علاوہ ہیں سبھی بے کار ہیں

سویرا ہوتے ہی پائے کھلائے بکرے کے
اُڑد کی دال کو سبزی کو دربدر کر دے

مجھے بھی اہلیہ پائے کا مان لے شاعر
"مرے خدا مجھے اتنا تو معتبر کر دے"

برسوں کی تحقیق نے ثابت کر دی ہے یہ بات
الٹے ناموں کے ہوتے ہیں ہستی پر اثرات

نام کے الٹے اثر کی یوں بھی ہوتی ہے تصدیق
کام گواہی کا کرتے ہیں صادق اور صدیق

اپنے شہر میں جتنے بھی تھے ایک سے ایک خراب
کچھ کے نام شہنشا نکلے کچھ کے نام نواب

کوڑا چنتا بازاروں سے جس کا نام نفیس
بھیک مانگتا اسٹیشن پر پکڑا گیا رئیس

متذکرہ اشعار میں "کار اور بے کار" کیف اور بے کیفی، پائے کی لذت اور اس کے وسیلے سے شاعر کی معتبریت پر جو شب خون مارا گیا ہے وہ مزاح کی افزودگی کا باعث ہے، اس طرح ناموں کے معکوس اثرات پڑھتے ہوئے ہنسی ضبط کرنا مشکل ہو جاتا ہے اور ہنسی

دندان کا قفل توڑ کر قہقہہ زار بن جاتی ہے۔

تخلیق مزاح کا ایک توانا حربہ پیروڈی ہے، احمد علوی نے اس سے بھی بخوبی نباہ کی ہے اور مقبول فلمی نغموں کو اپنے تحریفی نرغے میں لے کر اس کا کیریکیچر بنایا ہے۔

قیمے کی قورمے کی یا شامی کباب کی
اب کیا مثال دوں میں تمہارے شباب کی
آپ کی نظروں نے سمجھا ووٹ کے قابل مجھے
ڈاکوؤں اور رہزنوں میں کر دیا شامل مجھے
چودھویں کا چاند ہو یا آفتاب ہو
اچھی طرح سکا ہوا شامی کباب ہو

امید قوی ہے کہ "طمانچے" کے بعد اہلِ ذوق احمد علوی کی بے ضرر جسارت جو "پین ڈرائیو" کے قالب میں پیش کی جا رہی ہے ضرور پسند کریں گے اور ناقد اپنی فکری بصیرت سے تھوڑا وقت اس امر پر بھی صرف کریں گے کہ بالآخر نقد و تنقید کی بے رخی کے باوجود طنز و تعریض تباہ کن سنجیدگی سے کیوں نبرد آزما ہے قہقہہ جان لیوا سکوت کے خلاف کیوں برسرِ پیکار ہے، ماحول کی بے کیفی کو کیف و سرور کی تلاش کیوں ہے اور اتاہ گہرے سمندر کا سکوت کنکری کی ضرب سے کیوں مضطرب ہو اٹھتا ہے۔ اگر یہ ادوار لائق اعتناء ہیں تو احمد علوی کی آواز کو توانا سمجھا جائے۔

***

طالب زیدی

(شاعر اور انشائیہ پرداز)

آپ نے اردو اخباروں میں اکثر پڑھا ہوگا کہ فلاں مقام پر تمنچے کی نوک پر بس لوٹ لی گئی۔ کسی دوشیزہ کی عصمت دری میں بھی اسی نوک کا تذکرہ ملتا ہے۔ زیادہ تر جرم اسی نوک سے کیئے جاتے ہیں یعنی دنیائے جرم وسزا اسی نوک کے دم سے آباد ہے۔

احمد علوی کے متعلق شاعر، ادیب، صحافی، کوی، ڈرامہ نویس، ہونے کا پہلے تذکرہ بعد میں غلغلہ ہوا۔ مشاعرے لوٹے جانے کی خبریں ملتی رہیں مگر تمنچے کا تذکرہ کہیں نہ تھا۔

ایک دن ڈاکٹر خالد حسین خاں اپنی متانت اور ڈاکٹر مکتوب الرحمٰن قاسمی نظامت اور احمد علوی کتابِ ظرافت لئے ہوئے غریب خانے پر وارد ہوئے۔ احمد علوی نے اسے پڑھنے اور ڈاکٹر خالد حسین اور ڈاکٹر قاسمی نے اس پر کچھ لکھنے کی فرمائش کی، کتاب پڑھی تو اندازہ ہوا کہ علوی کو لوٹ پاٹ کے لئے تمنچے کی ضرورت نہیں، ان کی یہ کتاب مسماۃ یا مسمّٰی "طمانچے" ہی کافی ہے۔

کتاب میں نے شروع سے آخر تک انتہائی تحمل اور یکسوئی کے ساتھ پڑھی، جب عالم جانکنی سے نکل آیا اس پر لکھنے کو یوں بھی جی چاہا کہ اپنے کرم فرما ڈاکٹر خالد حسین خاں سے شرمندہ تھا، ماضی میں کئی مرتبہ ان کی عطا کردہ کتابیں پڑھ کر ہضم کر گیا تھا۔ کیونکہ آج کل میں ویجی ٹیرین ہوں اس لئے ایک تیر سے دو تیر کی مثال نہیں دے سکتا۔ ہاں

ایک پنتھ دو کاج کے تحت اگر اس کتاب پر کچھ لکھ لوں تو ڈاکٹر خالد حسین خاں اور ڈاکٹر ایم آر قاسمی دونوں خوش ہو جائیں گے۔ احمد علوی کا کیا حال ہو گا یہ اللہ جانتا ہے کہ وہ علیم و خبیر ہے۔ بہ ایں ہمہ کتاب پر کچھ لکھنے سے پہلے مجھے یوسف ناظم کے انتقال پر ملال کی خبر نے روکے رکھا۔ اس کتاب پر دیگر لکھنے والوں کی خیریت معلوم کرنے کے بعد احمد علوی سے دریافت کیا

"کہ بھائی آپ کی اس کتاب پر یوسف ناظم مرحوم نے کچھ اور لکھا ہے باوجود یہ کہ ہندی میں مزاحیہ شاعری لکھ رہے ہیں۔ میرے سوال کی گہرائی تک فوراً پہونچ گئے اور جھٹ سے ایم آر قاسمی کے سر پر ہاتھ رکھ کر قسم کھائی کہ بہت کچھ لکھا ہے۔ ان کی اس فی البدیہہ قسم سے نہ صرف کتاب پر لکھنے کا حوصلہ ملا بلکہ قاسمی کے ان کی کتاب پر اس جملے "یہ مختصر مجموعہ کلام کسی دانشورانہ حیرت کدے سے کم نہیں" کے مفاہیم بھی کھلتے چلے گئے۔

بھرپور طنز و مزاح کے سبب دندان نما سے ہنسی اور پھر قہقہوں کی سیڑھیاں پھلانگتے ہوئے بامِ فکر و شعور کا راستہ اس کتاب سے ملتا ہے۔

"الہ دین کے چراغ" اور جن کو بالکل نیا نظریہ دیا ہے۔ "ویر رس کے کوی" صرف مزاحیہ نظم ہی نہیں سنجیدہ المیہ ہے۔ ہمارا وجود مخالفت کی بیساکھیوں پر ٹکا ہوا ہے۔ ان کی نظم "بدنام" مختصر مگر جامع ہے۔ پولس کے کردار کو بہ طریق احسن پیش کیا ہے۔

احمد علوی دلاور فگار کی شاعری کے دلدادہ ہیں بے شک اپنے وقت میں دلاور فگار مزاحیہ شاعری کے بے تاج بادشاہ تھے۔ علوی کی نظم "کرکٹ" دلاور فگار کی نظم شاعر اعظم کی یاد دلاتی ہے۔ مگر اس کا چربہ نہیں ہے۔ کرکٹ اور شاعری کے موضوع کو خوب نبھایا ہے اور بڑے رواں شعر نکالے ہیں۔ میرے خیال میں اس نظم کا آخری شعر اگر

تمثیلی انداز میں پڑھا جائے یعنی بلّے کا سائز ہاتھ سے اور پین جیب سے نکال کر دکھایا جائے تو غیر سنجیدہ عوام سیٹیاں بجانے پر مجبور ہو جائیں گے۔ نظم "اقبال جرم" کا عنوان اس مناسبت سے بھی دلچسپ ہے کہ یہ جس نظم کی پیروڈی ہے وہ علامہ اقبال کی "شکوہ جواب شکوہ" ہے۔ پوری نظم فکر و آگہی اور طنز کی بھرپور کاٹ سے لبریز ہے۔ احمد علوی کو ایک اینٹ سے عمارت تعمیر کرنے کا فن بھی آتا ہے۔ نظم "کثرت" پڑھیے تو اندازہ ہو گا کہ ایک لفظ سے شاعر نے کیا کام لیا ہے۔ نظم "شرافت" کی بُنت روانی، واقعہ نگاری، تحیر اور اختتامیہ، بہت دلچسپ ہے۔ ان کی کتاب میں کچھ شاعری ہزل اور کچھ شاعری غزل کے عنوان سے تحت ہے، میں نے کافی کوشش کی کہ عنوان کے اختلاف کو سمجھ سکوں شاعری پڑھ کر لطف تو ضرور آیا مگر فرق سمجھ میں نہیں آیا۔ احمد علوی نے کچھ "مگس کو باغ میں جانے نہ دینا" قسم کی چیستانی شاعری بھی کی ہے جس کے تحت ایک خاتون اچار کے ٹھیلے ڈھونڈتی پھرتی ہے۔

احمد علوی نے ایک نظم "ب پروف" میں ببانگ دہل لکھ دیا ہے کہ اس نظم کا مرکزی خیال شوکت تھانوی کے مشہور مضمون "ب" سے لیا ہے۔ آفریں صد آفریں احمد علوی آپ نے بڑی ایمانداری سے کام لیا بہر گاہ کہ شوکت صاحب کے پاکستان میں انتقال کو بھی عرصہ گذر گیا ہے۔ میں نے آپ کی اس نیکی کا ذکر آپ کے ایک ہم عصر ہم مشرب سے اس لئے کیا کسی کی نیکی کے ذکر سے ثواب بھی ملتا ہے اور مخاطب الیہ کو بھی اس کی توفیق ہو سکتی ہے۔ تو انہوں نے کہا کہ علوی صاحب ذرا شریف قسم کے آدمی ہیں پولس تھانے سے بچنا چاہتے ہیں اس لئے شوکت صاحب کے تھانوی ہونے کی علّت کے سبب انہوں نے ایمانداری برتی ہے۔ ان کے اس جواب سے میری نیکی برباد اور ان پر گناہ لازم ہو گیا۔ بہ ایں ہمہ "ب پروف" رواں، اور مزاح کے لطیف پہلو لئے ہوئے ایک

عمدہ نظم ہے۔

نظموں کے ساتھ ساتھ ان کی کتاب میں ۲۰۵ قطعات ہیں۔ پوٹا، ثبوت، عہد حاضر میں مسلم اقلیت کے مسئلے کی طرف اشارہ ہے۔ جعفری مسلم ممبران پارلیمینٹ کے لئے چشم کشا ہونا چاہئیے۔ اسلامی ملکوں کے صدر کے عنوان سے قطعہ بین الاقوامی سیاست پر نظر رکھنے کا غماز ہے۔ قطعہ بہ عنوان "مسلمان" قومی مزاج کے ادراک کی دلیل ہے۔ احمد علوی نے گرد و پیش پر نظر ڈال کر اپنے لئے مواد مہیا کیا ہے " اشتہار " آج کل مارکیٹنگ کے طور طریقوں پر دلچسپ سوالیہ نشان ہے۔ سیکولر ہندوستان اور دوسری بڑی اکثریت مسلمانوں کے لئے بابری مسجد کا انہدام قیامت سے کم نہیں لیکن علوی نے اس میں بھی خیر کا پہلو نکالا ہے۔ "پناہ" مسلم مذہبی لیڈروں کو آئینہ دکھاتا ہے اور یاد دلاتا ہے کہ کبھی خلیفہ وقت اپنی کمر پر آٹے کی بوری لاد کر غریبوں کے گھر پہونچاتے تھے۔

عمدہ طنز اور تلاش کی ذیل میں " مشاعرے کی فیس " " غلط فیصلہ " " نیکیاں " جیسے قطعات رکھے جاسکتے ہیں۔ " دو شادیاں " میں تراکیب کی چستی نظر آئے گی، "رضیہ مرے پیچھے ہے تو سلمیٰ مرے آگے " سلمیٰ میں الفِ ندائیہ یعنی کھڑا الف اسے آگے رکھا گیا ہے۔

مقامِ استاد شاعروں اور سینئر شاعروں کا المیہ اور عمدہ تصویر کشی ہے۔ "لیپٹن" اور "برسات" میں میں قافیے کی تلاش اور نیا پن محسوس ہوتا ہے۔ "آل انڈیا مشاعرہ" پر لکھ کر چوتھے مصرعے میں شعروں، مشاعروں، اور سامعین با تمکین کے واقعی طمانچہ رسید کیا ہے۔

انگریزی الفاظ کا جستہ جستہ استعمال اکثر برجستہ ہے اور کہیں بے محل بھی ان کے قطعے " ای میل " میں آپ کو طنز قافیے کی تلاش سماجی نا محترم رویوں کا بھرپور عکس ملے

گا۔ مزاح کے بارے میں دو دھاری تلوار ہونے کی بات عرصے سے کہی جارہی ہے۔ ان کے قطعے "مشورہ" میں علوی دوسری طرف کی دھار کے نیچے آ گئے ہیں۔ ان کے ہم مشرب نے آخری مصرعے کو اس طرح پڑھا کہ موصوف کا نام ایک ایک مشہور چوپائے سے جوڑ دیا۔ ہر گاہ میں نے ان سے کہا کہ لکھنے کی نہیں پڑھنے کی خطا ہے مگر وہ ہم عصر لکھے پڑھے آدمی ہونے کے سبب قائل نہ ہوئے۔ (کیا ایسا بھی کوئی زمانہ آئے گا جس میں ہم عصر نہ پائے جائیں)

میں نے کتاب کے سرورق پر "طمانچے کے نیچے بریکٹ میں طنز و مزاح کا مجموعہ لکھا دیکھا جسے پڑھ کر احساس ہوا کہ صاحبِ کتاب نے پڑھنے والوں کے لئے کس قدر آسانی پیدا کر دی، ور اپنے اوپر سات خون بھی معاف کرا لئے۔

اب اگر میں احمد علوی سے کہوں کہیں کہیں وزن ہجے سمجھ میں نہیں آرہے کتابت کی بہت سی غلطیاں ہیں صحیح کو صیح اور بہت کو بہت لکھا ہے ختنہ کو "ط" سے لکھ کر وہ کیا کہنا چاہتے ہیں۔ استفسار کیا تو کتابت کی غلطی نہیں کچھ ایجاد بندہ قسم کی چیز ہے۔ فرمانے لگے بالکل درست میری نظر میں جب یہ معرکہ سر ہوا تو بہت خون خرابہ ہوا اور جن صاحبزادے پر ہاتھ صاف کیا گیا وہ کافی جیّد قسم کے مسلمان عربی عالم کے نورِ نظر تھے۔ اس لئے یہ ختنہ ذرا معرب ہو گئی تھی، اس لئے میں نے اسے "ت" کی بجائے "ط" سے لکھا ہے اور بار بار لکھا ہے۔ عجب نہیں ان غلطیوں کا ٹھیکرا کاتب کے سر پھوڑ دیں اس لئے ان سے کچھ نہ کہہ کر میں نے کاتب کو تلاش کیا اور کہا کہ اردو ویسے ہی زمانے کی بہت مار سہہ رہی ہے، آپ نے کتابت کی اتنی غلطیاں کر کے اسے اور بھی نیم مردہ کر دیا ہے۔ تو اس کاتب فر فر رقم نے فرمایا جناب کتاب مزاحیہ شاعری کی تھی میں نے صرف نقل کی ہے، عقل کو زحمت دینے کی ضرورت نہیں سمجھی۔

احمد علوی نے مخرب الاخلاق قطعہ "ٹرائی" بھی لکھا ہے۔ دل آزاری کا سامان "بے ذُم عثمانی" اور "مولانا ڈبلو، دین خاں" میں موجود ہے۔ مزاح کو از بس دل آزاری سے پاک ہونا چاہیئے، قطعات کی محفل میں ایک غزل بھی بیٹھی ہے کتاب میں ایڈیٹنگ کا سقم بھی ہے۔ میں نے سوچا ذرا سی محنت اور اچھی صحبت کے ذریعے احمد علوی یہ کمیاں دور کر سکتے تھے۔ از راہِ محبت انہیں مطلع کیا تو فرمانے لگے۔ آپ بالکل درست کہتے ہیں در اصل میں نے یہ کتاب اردو پڑھانے والوں کے لئے بھی لکھی ہے، وہ مبتذل، کتابت کی غلطیاں دل آزاری اور اوزان و بحور کی گڑبڑ برجستہ اور بے محل الفاظ کا فرق ہندی والوں کی صحبت کے زیر اثر قرقی کو کرکی لکھنے کا سبب اگر اپنے شاگردوں کو بتانا چاہیں تو انہیں ادھر ادھر نہ بھاگنا پڑے اور ڈھونڈھنے سے اور خامیاں بھی مل جائیں، خیال کیجئے اس سے اساتذہ کرام کا کتنا وقت محفوظ ہو گا۔ ان کا جواب سن کر مجھے احساس ہوا کہ موصوف شاعر ادیب صحافی کوی ڈرامہ نگار ہی نہیں مدّبر بھی ہیں بھلا قوم کے وقت کا اتنا خیال کون کرتا ہے۔

کتاب کی ابتداء ساحل احمد کے مقتدر، مفرّس اور معرب رائے سے مزیّن ہے یوسف ناظم جیسے کہنہ مشق ادیب نے ان کی شاعری کو طمانچوں کی نہیں دبی دبی آنچوں کی شاعری کے خطاب سے نوازا ہے۔ محترم منظور عثمانی کا تفصیلی اور حوالہ جاتی مضمون کمال جعفری (پیکس آل انڈیا ریڈیو) کا مختصر نشریہ اور اشاریہ کتاب کو پڑھنے پر آمادہ کرتے ہیں۔

مشاعروں میں سامعین کی طرف سے مکرر مکرر کی صدا پر دوبارہ شعر پڑھنا قدیم روایت ہے، مگر کتاب میں اس مکرر کا اثر پہلی بار دیکھا ہے۔ احمد علوی نے اپنے ہم عصروں کے لئے جو قطعات لکھے ہیں اس میں ایم آر قاسمی نام کا قطعہ کو دو بار جگہ دی گئی ہے۔

میرے استفسار پر احمد علوی نے کہا کہ قاسمی کی سسرال اور میر امیکہ ایک ہی شہر کے ہیں، اس لئے ان سے خصوصی تعلق ہے اپنی بہن کی مدد کی نیّت سے میں نے یہ کام کیا پھر بھی کامیابی نہ مل سکی۔ ان کے اس جواب سے میری نظر میں ان کا قد اور بڑھ گیا ورنہ آج کل رشتوں کی قدر کون کرتا ہے۔ پایانِ تحریر میرا یہ مضمون پڑھنے کے بعد قارئین سے گذارش ہے کہ اردو کی بقا کے لئے اچھے گیٹ اپ، عمدہ کاغذ والی کتاب وہ خرید کر پڑھیں، آخر آپ پان بیڑی سگریٹ جیسی فضولیات پر بھی تو ۱۰۰ روپے خرچ کر دیتے ہیں۔ مجھے امیّد ہے کہ آپ پڑھے لکھے ہیں تو آپ کو ہنسی ضرور آئے گی، میرے مضمون میں لکھے راز ہائے سربستہ آپ پر منکشف ہو جائیں گے اور آپ خود کو حلقہ دانشوراں کی فردِ فرید تصور کرتے ہوئے دیگر تشنہ کام ظرافت کو فرید بک ڈپو کا پتہ بتائیں گے۔

***

نصرت ظہیر

(معروف طنز و مزاح نگار)

احمد علوی wit کا شاعر

اس میں کوئی شک نہیں کہ اردو میں اچھا خاصہ طنزیہ مزاحیہ ادب بیویوں کو نشانہ بنا کر لکھا گیا ہے۔ بیگم آج بھی ہمارے بہت سے مزاح نگاروں کا پسندیدہ کردار ہے۔ جس میں میرے خیال سے Male Chavinism) کا اچھا خاصہ دخل ہے۔ مرد کتنے ہی معقول دماغ کا کیوں نہ ہو۔ شوہر کو بیوی سے برتر ہی مان کر چلتا ہے۔ وہ تو شکر ہے خواتین نے اردو میں طنز و مزاح بہت ہی کم لکھا ہے اور جنہوں نے لکھا ہے ان کی تعداد بھی ایک انگلی کے پوروں سے آگے نہیں بڑھتی، ورنہ ان کی جوابی کاروائی اردو شوہروں کو کہیں کا نہیں چھوڑتی، اور یہ نصفِ بہتر محترمائیں تمام محترموں کو نصفِ بدتر بنا دیتیں۔ اوروں کی نہیں اپنی کہتا ہوں، مجھے خواتین کو کمتر اور کم عقل دکھانے والا مزاح قطعی پسند نہیں۔ حالانکہ شومیِ قسمت سے بذاتِ خود ایک عدد اہلیہ محترمہ کا منکوحہ ہوں۔، اس کے باوجود طنز و مزاح میں "بیگم" میرا مرغوب کردار کبھی نہیں رہا۔ اچھی یا بری دونوں طرح کی عورتوں کے لئے میرے دل میں ہمیشہ ایک نرم گوشہ رہا ہے۔ بلکہ کبھی کبھی تو میری سمجھ میں نہیں آتا کہ کوئی عورت بری کیسے ہو سکتی ہے، الّا یہ کہ آپ اس سے نکاح نہ کر چکے ہوں۔ عورت بدصورت یا بدشکل ہو سکتی ہے جیسے کہ اکثر مرد ہوتے ہیں، لیکن بری شکل والی عورت بھی بری کیسے ہو سکتی ہے یہ سمجھنے سے قاصر ہوں۔

اتنی تمہید میں نے اس لئے باندھی کہ جب احمد علوی صاحب نے اپنے شعری مجموعے "بیوی وہی پیاری" پر کچھ لکھ کر دینے کے لئے اس کا مسودہ مجھے سونپا تو عنوان پر نظر پڑتے ہی تو کچھ اکتاہٹ سی ہونے لگی، لیکن جب اسے پڑھنا شروع کیا تو بے تکان کئی صفحے پڑھ گیا، جنہیں پڑھ کر اندازہ ہوا کہ ان کی شاعری میں عورت یا بیوی طنز و مزاح کا غالب موضوع نہیں ہے اور یہ کہ انہوں نے سماج کے تقریباً سبھی مضحک پہلوؤں طنز کا نشانہ بنایا ہے۔ اس سے بھی خاص بات جو میں نے محسوس کی کہ ہر چند ان کے مزاح میں وہ تہہ داری اور لطافت ((Subtleness نہیں ہے جو سیّد ضمیر جعفری، یا رضا نقوی واہی جیسے مزاح نگاروں کے یہاں پائی جاتی ہے، لیکن بے ساختگی یاwitان کے یہاں خوب ہے، جو دلاور فگار جیسے شعراء کا طرۂ امتیاز تھی۔ کتاب کا پہلا قطعہ اس کا پتہ دیتا ہے ملاحظہ کریں۔

موٹی ہو کہ پتلی ہو ہلکی ہو کہ بھاری ہو
بیوی وہ ہماری یا بیوی وہ تمہاری ہو
ہر عمر کے شوہر کا علوی ہے یہی کہنا
بیوی وہی پیاری جو اللہ کو پیاری ہو

یا پھر یہ قطعہ۔

انگلینڈ اڑ گئے وہ ہنی مون کے لئے
میں لڑکیوں کو شعر سنانے میں رہ گیا
وہ خوش نصیب نسل بڑھانے میں لگ گیا
میں بد نصیب بچے کھلانے میں رہ گیا

ایک نظم ناموں کے اثرات بھی پڑھنے سے تعلق رکھتی ہے، جسے پڑھ کر کاکا

ہاتھرسی کی ایک پرانی نظم یاد آئی کہ اس کا موضوع بھی نام بڑے اور درشن چھوٹے جیسا ہی تھا مگر ظاہر ہے وہ ہندی میں تھی لہٰذا ہندی کے ناموں کی بہتات تھی، علوی کی نظم میں صدیق، نواب، نفیس، عبدالرزاق عبدالرحمان، عمر دراز شمس الدین جیسے ناموں سامنے رکھ کر جو عمدہ مزاح تخلیق کیا گیا ہے وہ ہنساتا بھی ہے اور دل میں درد کی ایک لہر بھی چھوڑ جاتا ہے یہ اشعار پڑھیں۔

نام کے الٹے اثر کی یوں بھی ہوتی ہے تصدیق
کام گواہی کا کرتے ہیں صادق صدیق
اپنے شہر میں جتنے بھی تھے ایک سے ایک خراب
کچھ کے نام شہنشا نکلے کچھ کے نام نواب
کوڑہ چنتا بازاروں سے جس کا نام نفیس
بھیک مانگتا اسٹیشن پر پکڑا گیا رئیس
دو دو دن کا فاقہ کرتے ہیں عبدالرزاق
گاؤں سے باہر کب نکلے بھیاّجی آفاق
کیسے کیسے کھیل دکھائے مولا تیری شان
پیشہ ور جلّاد ہیں لیکن نام عبدالرحمان

مزاح کاری اور دردمندی کے اس وصف کی احمد علوی نے ٹھیک سے پرورش کرلی تو یہ ایک بڑی بات ہوگی۔ میرا خیال ہے کہ علوی صاحب صرف مشاعروں کے لئے شاعری کر رہے ہیں جن میں اب 'ڈھنگ کا مزاح کم ہی سننے میں آتا ہے۔ چناچہ ان کی تخلیقات میں جو کچھ بھی اچھا یا برا ہے وہ سطور میں صاف نظر آجاتا ہے بین السطور ان میں کچھ نہیں ملتا۔ مشاعروں کی ہی ڈمانڈ کے سبب ان کے یہاں لفظ اور محاوروں وغیرہ کا

انتخاب میں عمومیت جھلکتی ہے۔ احمد علوی اگر اپنی تخلیقات میں اس مشاعرے بازی سے پیچھا چھڑا سکے تو ان کے یہاں ایک نیا رنگ ابھر سکتا ہے اور وہ مزاحیہ شعری ادب میں اپنی خاص جگہ بھی بناسکتے ہیں۔

نوٹ: یہ کتاب پین ڈرائیو عنوان سے شائع ہوئی۔

***

مہمینہ خاتون

(معروف ریسرچ اسکالر جے این یو نئی دہلی)

"طمانچے" احمد علوی صاحب کا طنز و ظرافت پر مبنی شاعری کا پہلا مجموعہ ہے جو فرید بک ڈپو دہلی سے ۲۰۰۹ء میں شائع ہوا۔ ۱۶۶ صفحات پر مشتمل اس مجموعے میں قطعات، غزلیں، ہزلیں، نظمیں اور پیروڈیاں شامل ہیں۔ گویا احمد علوی نے نظم کی مختلف اصناف پر طبع آزمائی کی ہے اور وہ کسی حد تک اس میں کامیاب بھی ہیں۔ احمد علوی شاعر ہی نہیں ڈرامہ نگار بھی ہیں ۱۹۷۴ء میں ان کا مزاحیہ ڈرامہ "ٹماٹر کے چھینٹے" دہلی کے مشہور ہال ماؤلنکر ہال میں اسٹیج ہوا اور اس کے بعد ملک کے مختلف شہروں برابر اسٹیج ہوتا رہا۔ اس کے علاوہ ریڈیو کے لئے ڈرامے لکھے۔ احمد علوی بیک وقت اردو ہندی دونوں زبانوں پر قدرت رکھتے ہیں اور دونوں ہی حلقوں میں یکساں معروف ہیں۔ فی الوقت آپ ہندی کے ماہانہ رسالے "بھو بھارتی" میں سب ایڈیٹر ہیں۔ اور میڈیا ایسو اسی ایشن میں خزانچی کے اہم عہدے پر فائز ہیں۔

احمد علوی نے اپنی شاعری کا آغاز سنجیدہ شاعری سے کیا۔ ان کا پہلا مجموعہ "صفر" ۱۹۹۲ء میں شائع ہوا وہ فی الحقیقت سنجیدہ اور بردبار شخص ہیں سنجیدہ شاعری سے طنز و مزاح کی طرف راغب ہونے کی شاید یہی وجہ تھی کہ وہ سماج میں ہو رہی برائیوں سے بیزار ہیں اور اصلاح کی خواہش رکھتے ہیں۔ اس مقصد کو حاصل کرنے کے لئے انہوں نے ظریفانہ شاعری کی طرف توجہ کی ان کا کلام عام فہم اور سادہ ہے جسے پڑھ کر محسوس ہوتا

ہے کہ سنجیدہ شاعری سے طنزیہ مزاحیہ شاعری کی طرف راغب ہونے کے لئے شاعر کو دلی صدمات سے گذرنا پڑتا ہے اور ان کے اندر کا ظریف پکار اٹھتا ہے۔

میرا وطن تو سونے کی چڑیا تھا دوستو
قدرت نے آسماں سے اتارا تھا دوستو
نیتاؤں افسروں نے اسے نرک کر دیا
ہندوستاں فردوس سے پیارا تھا دوستو

طنز و ظرافت کی راہ اختیار کرنے کی دوسری وجہ یہ بھی ہو سکتی ہے کہ ان کی طبیعت کو اس فن سے فطری مناسبت تھی۔ جس نے ظرافت کا رنگ اختیار کر لیا، وہ حقیقت کا دامن نہ چھوڑتے ہوئے بے دریغ حکومت کے مظالم، سماجی ناانصافی اور معاشرتی معائب کی طرف اشارہ کرتے ہیں۔ در اصل حالات انہیں مجبور کرتے ہیں کہ طنز و مزاح کی آڑ میں وہ ان برائیوں اور خامیوں کو اجاگر کریں جس سے سانپ بھی مر جائے اور لاٹھی بھی نہ ٹوٹے ان کی شاعری طنز و مزاح پر مبنی ہے جس میں اسلام، لیڈر، رہنما، عورت، مسلمان، استاد، طالب علم، شاعرات، مدیران، اور فلمی اداکار وغیرہ پر نہایت شگفتگی سے طنز کیا گیا ہے۔ انہیں اس بات کا دکھ ہے کہ آج اسلام اور اس کی تعلیمات کو سمجھنے والا کوئی نہیں ہے۔ نام نہاد علماء اسلام پر اپنی اجارہ داری قائم کئے ہوئے ہیں اور مختلف النوع فتاویٰ کے ذریعے مسلمانوں کو جذباتی بنا رہے ہیں۔ گویا اسلام کے نام پر غیر اسلامی طریقوں کو اپنایا جا رہا ہے اور علمائے دین یا رہنمائے اسلام اس پر مہر ثبت کر رہے ہیں فرماتے ہیں۔ نظم درباری مسلمان سے ایک بند ملاحظہ کریں۔

قوم کے بارے میں تم کیا سوچتے
تم رہے ہو اپنی خواہش کے غلام

تم ربر اسٹیمپ بن کر رہ گئے
تم نے گر پا بھی لیا کوئی مقام
بے یقینوں آفرینش صد آفریں
بے ضمیروں اسلام ووالسلام

احمد علوی کس طرح ہر بات میں سے مزاح کا پہلو نکال لیتے ہیں یہ ان کی خداداد صلاحیت ہے جب مسلمان کے گھر کوئی بچہ پیدا ہوتا ہے تو اس کی ختنہ کی رسم ادا کر کے اس کو مسلمان بنایا جاتا ہے ختنہ کو عرفِ عام میں مسلمانی بھی کہا جاتا ہے۔ اسی طرح اگر کوئی مسلمان اسلام سے پھر جائے یا مرتد ہو جائے تو اس کے قتل کا حکم ہے۔ اسی پس منظر میں کیا لطیف مزاح پیدا کیا ہے۔

اسلام کو غیروں نے بس اتنا ہی سمجھا ہے
اسلام کی راہوں میں ہر موڑ پہ خطرہ ہے
مرتد کی اڑے گردن، مسلم کی کریں ختنہ
آنے پہ بھی کٹنا ہے جانے پہ بھی کٹنا ہے

اسی طرح وہ لیڈر و رہنما جنہیں زمین پر خدا کا سایا کہا جاتا ہے وہ آج کرسی کے لئے عوام و خواص دونوں کو نقصان پہونچا رہے ہیں۔ اور وہ اپنے مقصد کے حصول کے لئے کسی حد تک بھی جاسکتے ہیں۔ اس بات کا ذکر انہوں نے اپنی نظم "وردان" میں بخوبی کیا ہے۔ "درباری مسلمان" نظم میں وہ مسلمانوں کے نام نہاد رہنماؤں پر بھرپور طنز کرتے نظر آتے ہیں، کہ وہ انسان کہ جس کی پیدائش پر "انجم سہمے جاتے تھے" وہی انسان آج کتنا ذلیل و خوار اور بے غیرت ہو گیا ہے۔ ملک و قوم پر کتنی ہی بڑی مصیبت آ جائے لیکن یہ جی حضوری سے پیچھے نہیں ہٹتے اور وقت پڑنے پر یہ اپنی بہنوں کو بھی بیچنے سے دریغ نہیں

کرتے۔ اس موضوع کے تحت انہوں نے بڑی سنجیدگی سے قوم کو جھنجھوڑنے کی کوشش کی ہے۔ جس میں وہ بڑی حد تک کامیاب ہیں علاوہ ازیں وہ اس بات کو بھی محسوس کرتے ہیں کہ۔

ہم صاحبِ تقویٰ ہیں نہ ہم صاحبِ ایماں
آپس میں ہی کتّوں کی طرح دست و گریباں
ناراض نبی ہم سے ہے اللہ بھی نالاں
ہیں خوار زمانے میں بہت مردِ مسلماں
جس روز سے دامانِ امم چھوڑ دیا ہے
اللہ نے بھی اللہ قسم چھوڑ دیا ہے

طنز نگاری ایک نازک فن ہے، ذرا قلم کو لرزش ہوئی اور کسی نہ کسی کی دل آزاری کا پہلو نکل آیا مگر احمد علوی کے یہاں یہ طنز مزاح کی چاشنی کے ساتھ ہے اس لئے معیوب نہیں لگتا۔ کیونکہ ان کے کلام میں مقصد موجود ہے اس لئے وہ قاری کو ہنسانے کے ساتھ ساتھ غور و فکر پر مجبور کر دیتے ہیں، وہ سماجی ناہمواریوں کو دور کرنا چاہتے ہیں اسی لئے ان پر ہنستے ہیں اور ان کا مذاق اڑاتے ہیں اور سچی بات کہنے سے دریغ نہیں کرتے ایک قطعے میں رقم طراز ہیں۔

اک رہنمائے قوم کو کیا کہہ گیا ہوں میں
یعنی کہ اک گدھے کو گدھا کہہ گیا ہوں
اب پھانسی لگے مجھ کو یا پوٹہ میں پھنسوں میں
جو کچھ بھی کہہ گیا ہوں بجا کہہ گیا ہوں میں

وہ اردو کی زبوں حالی سے بھی افسردہ ہیں اور انہیں دکھ ہے کہ اردو کی کتابوں کے

خریدار نہیں ہیں نہ کوئی اردو لکھنا چاہتا ہے اور پڑھنا، شاعر مشرق علامہ اقبال نے کہا تھا۔

گیا دور سرمایا داری گیا

تماشہ دکھا کے مداری گیا

لیکن آج منظر نامہ بدل گیا ہے اردو داں حضرات سرمائے دار بنے ہوئے ہیں اور اردو ایک تماشہ بن کر رہ گئی ہے۔ یہ خوبصورت زبان قلعۂ معلی سے نکل کر زیر زمیں پہونچ چکی ہے، اس زبان سے خود اپنوں نے نظر پھیر لی ہے سرکاری بے اعتنائی کا شکوہ تو بے جا ہے۔

تقسیم مفت ہوتی ہے اردو کی ہر کتاب

دیوانہ ہے جو کہتا ہے دیوان بک گیا

دیوان اپنا بک نہ سکا ایک بھی مگر

گھر کا تمام قیمتی سامان بک گیا

اس مجموعے کا سب سے بہترین کلام "شیطان کا شکوہ" ہے اس نظم میں انسانی برائیوں پر قلم اٹھایا گیا ہے اور بتایا گیا ہے کہ کس طرح انسان جرائم و کرائم کرتا ہے دولت شہرت حاصل کرتا ہے، اور تمام شیطانی کام کر کے اونچی اونچی عمارتیں بنواتا ہے اور پھر شیطان کے فضل کو خدا کا فضل مان کر اپنے دروازے پر "ھذا من فضلِ ربیؔ" پر لکھتا ہے۔ جس پر شیطان بھی بے اختیار چلاؔ اٹھتا ہے۔ اور کہتا ہے۔

کہتا ہے فضل ربیؔ مرے فضل کو

دو قدم بڑھ کے انساں ہے شیطان سے

اس مجموعے میں املا کے غلطیاں کافی ہیں، جو ظاہر ہے ٹائپسٹ کے سر ہی جائیں گی تاہم ان کے کلام میں سادگی اور سہل پسندی کے باوجود بعض جگہوں پر ناشائستہ الفاظ کی

گونج بھی سنائی دیتی ہے جو طبیعت پر گراں گذرتی ہے اور جس سے ان کی بردبار شخصیت بھی مجروح ہوتی ہے مثال کے طور پر ایک غزل میں کہتے ہیں۔

اگر ہے گھاٹے کا یہ کاروبار ہے تو ہے
کئی حسینوں پہ بوسہ ادھار ہے تو ہے
تمہارے شہر میں عاشق ہیں سب قرینہ کے
ہمیں قرینہ کی اماّں سے پیار ہے تو ہے
جو اپنے ساتھ وہ لائی جہیز میں بچے
سنا کے لوریاں ان کو سلا رہا ہوں میں
تمام لوگ سمجھتے ہیں اپنی دلہن کا
"سہاگ رات ہے گھونگھٹ اٹھا رہا ہوں میں'

خلاصہ کلام یہ ہے کہ طنز و ظرافت پر مشتمل احمد علوی کی یہ پہلی کوشش ہے جس پر دہلی اردو اکادمی نے حال ہی میں ایوارڈ سے بھی نوازا ہے۔ جن لوگوں کو ملک و قوم سے ہمدردی ہے اور سماج کی اصلاح چاہتے ہیں اور یہ بھی چاہتے ہیں کہ کسی کی دل آزاری نہ ہو تو انہیں چاہیئے کہ طنز و ظرافت پر مبنی اس مجموعے کو ضرور پڑھیں اس مجموعے کا سنجیدہ مطالعہ ہی شاعر کا بہترین صلہ ہو سکتا ہے۔

***

ڈاکٹر فریاد آزر

(معروف شاعر و ناقد)

کنہیا لال کپور نے فرمایا تھا۔۔۔

ایک مفکر کا قول ہے اور اتفاق سے وہ مفکر میں ہی ہوں، کہ اردو کا ہر شاعر عظیم ہوتا ہے۔ میں یہاں یہ جوڑنا چاہوں گا کہ اردو کا شاعر عظیم ہو نہ ہو مگر اردو کا ہر مزاح نگار یقیناً عظیم ہوتا ہے کیونکہ اردو میں اچھے شعر کی طرح اب یہ جاندار بھی ناپید ہو چکا ہے دو چار مزاح نگار دلاور فگار اور ساغر خیاؔمی کے بعد جو س فنِ ظریف میں طبع آزمائی کر رہے ہیں ان میں احمد علوی میری نظر میں عظیم ہیں کنیالال کپور کے اس سنہرے قول کے آگے میں سرِ تسلیم خم کرتا ہوں اور احمد علوی کے ساتھ ساتھ خود کو بھی عظیم تصور کرنے لگا ہوں، اچھی اور نئی غزل کے حوالے سے اگر پورا نہیں تو تھوڑا بہت عظیم تو میں بھی ہوں لیکن یہاں پریشانی یہ ہے کہ ایک عظیم انسان دوسرے عظیم انسان کو بالکل نہیں گردانتا، لہٰذا مجھے بھی لاجکلی احمد علوی کو بالکل نہیں گرداننا چاہئیے، مجھے ایسا لگتا ہے کہ میری عظمت میں شاید کچھ کمی رہ گئی جو میں احمد علوی کو نہ صرف گردانتا ہوں بلکہ کئی گنا زیادہ گردانتا ہوں بلکہ تھوڑا بہت مانتا بھی ہوں کیونکہ وہ بیک وقت کئی صفات کے مالک ہیں، سب سے پہلے یہ کہ وہ اس عہد میں آدمی بھی ہیں اور انسان بھی، جب کے بقول مرزا غالب: "آدمی کو بھی میسر نہیں انساں ہونا" اسی طرح وہ مزاح نگار کے ساتھ طنز نگار بھی ہیں ان کے مزاح کو ان کے طنز سے جدا کر کے دیکھنا ۷۶ فی صد ناممکن ہے۔ ان کا مزاح

ان کے طنز کے ساتھ گلے ملتے ملتے اس قدر چپک گیا ہے جیسے رباعی کے ساتھ عمر خیّام

ملاحظہ فرمائیں "پین ڈرائیو" کا دیباچہ:

طمانچے دہلی اردو اکادمی کو اس قدر پسند آیا کہ اکادمی کے قابل اور ایماندار افسروں نے ایک عدد انعام "طمانچے" کی جھولی میں بھی ڈال دیا، یہ ابھی تک معلوم نہیں ہو سکا کہ انعام کتاب کے عنوان سے ڈر کر دیا گیا یا حقیقت میں کتاب اس لائق تھی، بعد میں یقیناً شرمندگی ہوئی ہو گی مگر جس طرح تیر کمان سے اور بات زبان سے واپس نہیں لی جا سکتی اسی طرح انعام بھی واپس نہیں لیا جا سکتا۔ اسی لئے وہ ابھی تک میرے پاس ہے، اس بار انعام ملنے کی توقع کم ہے کیونکہ اس مرتبہ غلطیاں چن چن کر نکال دی گئی ہیں۔ (احمد علوی کی پیشن گوئی حرف بہ حرف سچ ثابت ہوئی اس بار "پین ڈرائیو" کو اکادمی نے انعام کے لائق نہیں سمجھا حالانکہ یہ کتاب ہر لحاظ سے طمانچے سے عمدہ کتاب ہے۔)

موصوف کا دیباچہ اتنا دلچسپ لگا کہ پورا دیباچہ ایک ہی سانس میں پڑھ گیا جب کے ان کا کلام پڑھنے میں بار بار سانس لینے کی ضرورت پڑی، آج کل بڑے شہروں میں سانس لینا کتنا دشوار ہے یہ بڑے شہروں کے شہری ہی بتا سکتے ہیں۔ اگر دیباچہ نگاری کو اردو ادب کی مستقل صنف تسلیم کر لیں تو احمد علوی صاحب کا شمار صفِ اوّل کے مزاح نگاروں میں ہو نہ ہو مگر صفِ اوّل کے دیباچہ نگاروں میں ضرور ہو گا۔ میں تو یہاں تک سوچنے لگا ہوں کہ اپنی آئندہ کتاب کا دیباچہ بھی احمد علوی سے ہی لکھواؤں گا۔ اس کا مطلب یہ قطعی نہیں ہے کہ ان کی شاعری قابلِ ذکر نہیں ہے، میرے نزدیک ان کی شاعری نہ صرف قابلِ ذکر ہے بلکہ قابلِ فکر بھی ہے، داڑھی کو طالبانی سمبل کہنے کے پس منظر میں ان کا یہ قطعہ ملاحظہ فرمائیں۔

مبارک ہو نیائے مورتی کو

تمہارے نیائے کا کوئی ہے ثانی
اگر داڑھی ہے طالبانی سمبل
تو ہے پی ایم اپنا طالبانی

زعفرانی سیاست پر گجرات کے پس منظر میں یہ قطعہ بھی ملاحظہ فرمائیں۔

سرخ گجرات میں کیسر کی ہے رنگت یارو
کتنی مکروہ ہے ووٹوں کی سیاست یارو
یہ ہنر سیکھیے جاکر نریندر مودی سے
کس طرح ہوتی ہے لاشوں پہ حکومت یارو

اس طرح بہت سارے قطعات کی روشنی میں میں کہہ سکتا ہوں کہ مزاحیہ شاعر کو فکری شاعری سے پرہیز کرنا چاہیئے کیونکہ ایسی حالت میں فکر کا عنصر اس قدر حاوی ہو جاتا ہے کہ مزاح اپنا دامن چھڑا کر بہت دور بھاگنے لگتا ہے فکر یہ شاعری کے سلسلے میں آنجہانی فکر تونسوی بھی اس رائے کی تردید نہیں کر سکتے تھے، لیکن اس معاملے میں بھی دیگر معاملات کی طرح علوی صاحب آسانی سے شکست تسلیم کر کے نہیں بیٹھ جاتے بلکہ میلوں تک طنز کا لٹھ لے کر مزاح کا پیچھا کرتے نظر آتے ہیں۔ اس سے ان کو دو فائدے ہوتے ہیں اگر مزاح پکڑ میں آ جاتا ہے تو اسے اپنی شاعری میں بڑی خوبصورتی سے فٹ کر دیتے ہیں۔ اور اگر اتفاق سے پکڑ میں نہیں آئے تب بھی اس دوڑ بھاگ میں ان کی ورزش تو ہو ہی جاتی ہے۔ اور اسی ورزش کی وجہ سے علوی صاحب آج تک شوگر کے مرض سے نہ صرف محفوظ ہیں بلکہ اس عمر میں بھی بڑی اچھی صحت کے مالک بنے بیٹھے ہیں۔

عموماً اردو شعراء کرام تنگ دستی سے دوچار نظر آتے ہیں، ہو سکتا ہے یہ مرزا غالب

کی سنت پر عمل پیرا ہوں لیکن خدا کا شکر ہے کہ احمد علوی شاعر ہونے کے باوجود مالی طور پر کسی سے فیض یاب ہونے کی کوشش نہیں کرتے، بلکہ جہاں تک ہو سکتا ہے دوسروں کو فیض پہچانے کی طرح طرح کی تراکیب ڈھونڈھتے رہتے ہیں، ان کا دوسرا مزاحیہ شعری مجموعہ "پین ڈرائیو" شائع ہوا تو میں سمجھا کہ موصوف بڑی تیز رفتاری سے شاعری کرتے ہیں کیونکہ یہ مجموعہ نہ صرف ضخیم ہے بلکہ "طمانچے" کی اشاعت کے کچھ ہی ماہ بعد منظر عام پر آگیا لیکن "پین ڈرائیو" کے مطالعے کے بعد پتہ چلا کہ یہ بھی علوی صاحب کی فیاضی کی ایک مثال ہے اتنی ضخیم کتاب کی طباعت پر اپنے ذاتی اور قیمتی نوٹوں کی ضخیم گڈی خرچ کرنے کی صرف ایک ہی وجہ رہی ہوگی کہ ان کے قارئین کو "پین ڈرائیو" کے ساتھ ساتھ طمانچے بھی مفت پڑھنے کو مل جائے۔ اس فیاضی کا اعتراف احمد علوی نے پین ڈرائیو کے دیباچے میں خود کیا ہے۔

میرا دوسرا شعری مجموعہ "پین ڈرائیو" آپ کے ہاتھوں میں ہے اس کے ساتھ آپ کو طمانچے کی شاعری مفت مل رہی ہے"

اگر اسی طرح علوی صاحب اردو قارئین کو مفت خوری کی عادت ڈالتے رہے تو قارئین ہر شاعر سے نہ صرف یہ امید رکھنے لگیں گے بلکہ تقاضے بھی کرنے لگیں گے۔ میں ایک ایسے قاری سے واقف ہوں جو نہ صرف مجھ سے بلکہ میرے تمام شاعر دوستوں سے بڑے خلوص کے ساتھ ان کے تمام شعری مجموعے حاصل کر لیتے ہیں اور ورق گردانی کے بعد ردّی کی دوکان پر بیچ آتے ہیں ایک دن یہی قاری مجھ سے فرمانے لگے کہ علوی صاحب دو ٹکے کے شاعر ہیں۔ میں نے پوچھا کہ وہ کیسے ؟ فرمانے لگے کہ ان کے دونوں شعری مجموعے دو ٹکے یعنی دو روپے میں بکے۔ خدا کا شکر ہے کہ آج مرزا غالب

زندہ نہیں ہیں ورنہ وہ ایک ٹکے پر بھی نہیں ٹکتے۔

احمد علوی زندگی کے شاعر ہیں ان پر مردہ پرستی کا الزام نہیں لگایا جا سکتا۔ انہوں نے ہمیشہ اہم زندہ شاعروں کی حوصلہ افزائی کی ہے۔ اس ضمن میں بہت سارے زندہ شاعروں کا نام لیا جا سکتا ہے، مثلاً منوّر رانا، کشن بہاری نور، جاوید اختر، بشیر بدر، معین شاداب، ایم آر قاسمی، شہباز ندیم ضیائی وغیرہ ایک قطعہ فریاد عنوان سے بھی اس کتاب میں موجود ہے۔ اب یہ فریاد کون صاحب ہیں مجھے نہیں معلوم لیکن کنہیالال کپور کا قول یاد آتا ہے تو خاکسار کو بھی اپنی عظمت کا احساس ہونے لگتا ہے اور بغیر کسی چوں چرا کے اس فریاد کو فریاد آزر تسلیم کر لیتا ہوں یہ سوچ کر کہ علوی صاحب نے اتنے شعراء کو یاد رکھا تو فریاد آزر جیسے عظیم شاعر کو کیسے بھول سکتے ہیں۔ بے شک کتابت یا کمپوزنگ کی غلطی سے میرا تخلص چھوٹ گیا ہوگا اور فریاد آزر کی جگہ صرف فریاد کے عنوان سے قطعہ چھپ گیا میری خوش فہمی (غلط فہمی) کی وجہ خود مذکورہ قطعہ بھی ہے جو خاکسار کے حال میں مستقبل کی غمازی کر رہا ہے۔

جو اسیر گیسوئے بیگم رہا
ہاتھ میں لاٹھی کمر میں خم رہا
چین اک پل کو نہیں پایا کبھی
غم رہا جب تک کہ دم میں دم رہا

ص ۱۴۳ پین ڈرائیو

اچھی شاعری کی پہچان یہ بھی ہوتی کہ وہ قاری کے ذہن میں تجسس پیدا کرتی ہے، پین ڈرائیو میں ایسے بے شمار قطعات اور اشعار ہیں

اس بارے میں فرماتے ہیں کیا مفتیِ اعظم
جوتے جو رکھوں آگے تو سجدے نہیں ہوتے
جوتے یہ نمازوں میں خلل ڈال رہے ہیں
جوتے جو میں رکھوں پیچھے جوتے نہیں ہوتے

آخری صف میں جگہ ہم کو ملی
بھاگتے دوڑتے گرتے پڑتے
چھوٹ جاتی نمازِ عید میاں
وقت ضائع جو وضو میں کرتے

ہر قدم پر تھا زمانے میں ہجومِ دلبراں
اور ان پھولوں کو پالینا تجھے آساں بھی تھا
تو ہی ناداں ایک بیوی پر قناعت کر گیا
ورنہ گلشن میں علاجِ تنگیِ داماں بھی تھا

نہ دادا نہ دادی نہ نانی پہ روئے
نہ ماموں ہمارے ممانی پہ روئے
مگر دیکھ کر مغلِ اعظم جو آئے
محبت کی جھوٹی کہانی پہ روئے

احمد علوی نے سماجی اصلاح کا ٹھیکہ تو نہیں لے رکھا لیکن پھر بھی جہاں کے حالات دیکھ کر دل برداشتہ ہوتے ہیں اور ایسے میں طنز کے جوتے مار مار کر اصلاح کرتے نظر آتے ہیں۔

وہ ہے دنیا کا نامور غنڈہ
اس پہ تنقید کس کے بوتے کی
اس کو کیسے کہوں سپر پاور
جس کی اوقات ایک جوتے کی
بدن پہ سوٹ اردو کا گلے میں ٹائی اردو کی
انہیں معلوم ہے گہرائی اور گیرائی اردو کی
بجاتے ہیں ہر اک محفل میں یہ شہنائی اردو کی
کہ ساری عمر کھائی ہے فقط بالائی اردو کی
پروفیسر یہ اردو کے اردو سے کماتے ہیں
اسی پیسے سے بچوں کو یہ انگریزی پڑھاتے ہیں
اردو ادب کا یہ بھی المیہ ہے دوستو
منزل ہے سب ایک ہی اور ایک راہ ہے
غالب پہ ہے تمام ہر اک نقدِ شاعری
غالب سے آگے سوچنا تک بھی گناہ ہے
مشاعرے جو کراتے ہیں چندہ کر کر کے
انہیں کو صرف میں فرشی سلام کرتا ہوں
یہ لوگ مجھ کو سمجھتے ہیں شاعرِ اعظم
میں جاہلوں کا بہت احترام کرتا ہوں

احمد علوی اچھے مزاح نگار ہیں، اچھے طنز نگار ہیں، اچھے پیروڈی نگار ہیں، اچھے یہ ہیں

اچھے وہ ہیں وغیرہ وغیرہ، احمد علوی پر لکھنے کو تو بہت کچھ ہے لیکن راقم الحروف کوئی پیشہ ور نقاد نہیں ہے بلکہ غزل کا ایک شاعر ہے لہٰذا اختصار کی عادت ہے اور یوں بھی مفت میں کوئی کتنا لکھے گا پھر میرا عقیدہ یہ بھی ہے کہ اگر سب کچھ خادم ہی لکھ دے گا تو نقاد کیا جھک ماریں گے۔ لہٰذا میں اپنے قلم کے گھوڑے کو یہیں لگام دیتا ہوں مگر یہ بتانا ضروری ہے کہ احمد علوی صاحب کو ان کی اہلیہ پائے کا شاعر تسلیم کریں یا نہ کریں اگر یہ سر دیوں میں نقادوں کو روزانہ پائے کھلانے کا اہتمام کریں تو یہ نقاد احمد علوی کو ضرور پائے کا شاعر مشہور کر دیں گے۔

٭٭٭

عادل صدیقی

(معروف کوی دانشور)

اس میں کوئی دو رائے نہیں کہ ترقی پسند تحریک کے دم توڑنے کے بعد جدید غزل نے بھی اردو ادب پر کوئی دیر پا اثرات نہیں چھوڑے۔ بشیر بدر اور ندا فاضلی شہریار کی نئی نئی لفظیات جلد ہی پرانی لگنے لگیں۔ ادب میں دوسرے درجے کا ادب کہلانے والے طنز و مزاح کو عوامی مقبولیت ہمیشہ ملی مگر ناقدانِ فن نے کبھی بھی اس مشکل فن کو قابلِ قدر نہیں سمجھا۔ ہمیشہ ہی اس فن کے فن کاروں کو ناقدوں کی بے اعتنائی کا سامان کرنا پڑا، مگر اس کے برعکس عوام نے اس صنف کو ہاتھوں ہاتھ لیا۔ رسالے معیار کا رونا رو کر مزاحیہ تخلیقات کو شائع کرنے سے بچتے رہے۔ وہیں حیدر آباد میں شگوفہ نے طنز و مزاح کی تحریک کو آگے بڑھایا۔ پاکستان کے حیدر آباد سے بہت پہلے سے ماہ نامہ "ظرافت" پوری آب و تاب سے شائع ہو رہا ہے عظیم الدین عظیم مرتے دم تک بنگلور سے ظرافت نکالتے رہے مگر ان کے انتقال کے بعد سے یہ پرچہ بند ہو گیا۔ اب بنگلور سے ہی محترم خلیل احمد طنز و مزاح کے عنوان سے بڑا خوبصورت رسالہ نکال رہے ہیں جو اردو میں کافی مقبول ہو رہا ہے۔

جہاں تک اردو کا تعلق ہے اس زبان کے نقادوں نے طنز و مزاح کی قدر و قیمت کا ابھی تک کوئی تعین نہیں کیا ہے۔ کچھ بڑے نام تو اس صنف پر بات تک کرنے کو راضی نہیں ہیں، کہتے ہیں طنز اور مزاح ایک ہی گاڑی کے دو پہیئے ہیں مزاح کے بغیر طنز بے

رونق ہے اور طنز کے بغیر مزاح پھکڑ پن کے دائرے میں آجاتا ہے۔ اگر طنز کو مزاح کی چاشنی میں لپیٹ کر پیش کیا جاتا ہے تو طنز اپنے ہدف کو بھی مسکرانے یا قہقہے لگانے پر مجبور کر دیتا ہے۔ یہی اس فن کی معراج ہے۔ احمد علوی نے کئی شخصیات پر طنز کیئے ہیں مگر مزاحیہ لہجے میں فائدے اور نقصان سہ بے پروا احمد علوی نے کسی ادارے کسی شخص کو بخشا نہیں جہاں انہیں کوئی کمی یا ناانصافی نظر آئی ہے۔

طنز و مزاح واقعی ایک بہت ہی مشکل فن ہے۔ کسی کو ہنسانا رلانے سے مشکل کام ہے اپنے آپ کو مذاق بنانا یا کسی کا مذاق اڑانا دونوں ہی عمل پل صراط پر چلنے کے مترادف ہیں، احمد علوی نے آخر یہ مشکل راستہ کیوں چنا حالانکہ وہ جدید غزل کے معتبر شاعر کے طور پر اپنے اوّلین مجموعہ کلام "صفر" سے اپنی پہچان بنا چکے تھے۔ صفر کے متعدد اشعار عوام خواص میں آج بھی مقبول ہیں صفر سے کچھ منتخب اشعار پڑھیے۔

دل کو کسی کی یاد سے خالی نہ کیجئے
آسیب رہنے لگتے ہیں خالی مکان میں

تعلقات بھی ریشم کی طرح ہوتے ہیں
الجھ گئے تو سرا عمر بھر نہیں ملتا

محبتوں میں تو کچھ بھی پتہ نہیں لگتا
بہت برا ہے وہ لیکن برا نہیں لگتا

ہمارا ساتھ رہنا بھی ہے مشکل
بچھڑنے میں بھی رسوائی بہت ہے

سبھی کی زندگی ہے اپنی اپنی
بھرے گھر میں بھی تنہائی بہت ہے

خوشبو گلاب، چاندنی بادِ صبا بھی ہے
ملنے سے پہلے سوچ لو وہ بے وفا بھی ہے

صفر کے اشعار کے بارے میں بشیر بدر اپنے ایک مضمون میں فرماتے ہیں۔ صفر میں ایسے بہت سے شعر ہیں جو اپنی شادابی اور حسنِ بیان، اور تخئیل کی وجہ سے اردو ادب میں زندہ رہنے والے ہیں۔

در اصل احمد علوی بنیادی طور پر طنز و مزاح کے ہی شاعر ہیں۔ انہوں نے طالبِ علمی کے زمانے میں ایک مزاحیہ اسٹیج ڈرامہ لکھا تھا جو ٹماٹر کے چھینٹے کے عنوان سے پہلی بار ۱۹۷۴ء میں نئی دہلی کے مشہور اوڈیٹوریم ماؤلنکر میں کھیلا گیا۔ یہ شو اتنا کامیاب ہوا کہ اس کے بعد اس ڈرامے نے مقبولیت کی بلندیوں کو چھو لیا۔ جہاں اردو میں ڈرامے لکھے تو جاتے ہیں مگر انہیں اسٹیج نصیب نہیں ہوتا مگر "ٹماٹر کے چھینٹے" کو سارے ہندوستان میں نا صرف اسٹیج حاصل ہوئے بلکہ فلموں کی طرح آڈیٹوریم کے باہر ہاؤس فل کے بورڈ بھی لگے نظر آئے۔ اسّی کی دہائی میں دو ہی ڈراموں نے عوامی مقبولیت حاصل کی ایک حیدر آباد کے ببن خاں کے ڈرامے "ادرک کے پنجے" نے دوسرے احمد علوی کے "ٹماٹر کے چھینٹے" نے۔ اس زمانے کا ممبئی کا پاٹکر ہال ہو یا دہلی کا ایوانِ غالب یا ماؤلنکر ہال یا سپرو ہاؤس جب بھی ان کا مزاحیہ ڈرامہ "ٹماٹر کے چھینٹے" اسٹیج ہوا لوگوں کا ہجوم اسے دیکھنے کے لئے امنڈ پڑا۔

احمد علوی نے جو اردو کے طنزیہ مزاحیہ ادب میں جو شعری گلکاریاں کی ہیں ان کا مطالعہ کرنے کے بعد یہ بات وثوق سے کہی جا سکتی ہے کہ احمد علوی میدانِ طنز و مزاح کے ایک تجربے کار اور فطری قلم کار ہیں۔ احمد علوی مشاہیر شعراء کے سنجیدہ اشعار میں صرف ایک لفظ کی تحریف کرتے ہیں اور سنجیدہ شعر قہقہہ زار ہو جاتا ہے۔ علامہ اقبال

کے اس شعر میں صرف ایک لفظ کی تحریف سے کیا کام لیا ہے۔

تو ہی ناداں ایک بیوی پر قناعت کر گیا
ورنہ گلشن میں علاجِ تنگیِ داماں بھی تھا

یہ فرما کر گئے ہیں شاعرِ میں شاعر مشرق
نکاحِ مردِ مومن سے بدل جاتی ہیں تقدیریں

اسی سسلے میں ان کا ایک قطعہ بہت مقبول ہے

ہزاروں کوششوں کے بعد بھی جب ایک بچے کو
کسی صورت نہ کر پائے حکیم وڈاکٹر پیدا
تبھی اک ماہر اقبال نے ارشاد فرمایا
بڑی مشکل سے ہوتا ہے چمن میں دیدہ ور پیدا

اردو کے معروف ناقد میرٹھ کالج کے شعبہ اردو کے صدر محترم خالد حسین خاں نے احمد علوی کو وارثِ ظرافت کے خطاب سے نوازا اس سے ہی اندازہ ہو جانا چاہیئے کہ احمد علوی طنز و مزاح کے کتنے اہم شاعر بن چکے ہیں۔ احمد علوی کے شعروں میں جو برجستگی ہے اس کا کوئی جواب نہیں۔

موٹی ہو کہ پتلی ہو، ہلکی ہو کہ بھاری ہو
بیوی وہ ہماری یا بیوی وہ تمہاری ہو
ہر عمر کے شوہر کا علوی ہے یہی کہنا
بیوی وہی پیاری جو اللہ کو پیاری ہو

لفظوں کو برتنے اور لفظوں سے مزاح پیدا کرنے کی ہزاروں مثالیں احمد علوی کے کلام میں موجود ہیں ان میں سے ایک شعر میں آپ تک پہنچانا چاہتا ہوں بات سے بات

پیدا کرنے کی کیا عمدہ مثال ہے۔

آج کل یورپ کے ہر اک شہر میں
ہو رہی ہیں شادیاں ای میل سے
ہم مگر ہیں آج تک پچھڑے ہوئے
کر رہے ہیں شادیاں فی میل سے
انگریزی میں آٹھ کا ہندسہ محبوبہ
چھتیس چوبیس چھتیس محبوبہ کا ناپ
بیوی لیکن اردو کا دو چشمی ھ
ستر ستر ستر یعنی ٹاپ و ٹاپ

معروف شاعر اسرار جامعی کا یہ شعر بھی الفاظ کو برتنے کی اعلیٰ مثال ہے ملاحظہ کریں:

ہم جھانک بھی لیتے ہیں تو ہو جاتے ہیں بدنام
وہ جھونک بھی دیتے ہیں تو چرچا نہیں ہوتا

احمد علوی کی طنزیہ مزاحیہ شاعری میں ان کی نظم "ب پروف"، شیطان کا شکوہ، الہ دین کا جن، کرکٹ، بوتل کا جن، کثرت، اور علامہ اقبال کی نظم شکوہ جواب شکوہ کی پیروڈی میں ان کا فن عروج پر نظر آتا ہے۔ معروف کالم نگار نقاد و محقق محترم فاروق ارگلی تو یہاں تک کہہ جاتے ہیں اقبال کی نظم کی پیروڈی اتنی تیکھی اور حقائق پر مبنی نظم ہے کہ یہ نظم اردو کے ادبِ عالیہ میں شمار ہو گی، ان نظموں کے مطالعے کے بعد محسوس ہوتا کہ احمد علوی مزاح کے اوریجنل شاعر ہیں، اردو زبان پر ان کو مکمل قدرت حاصل ہے اور ان کا مطالعہ بہت وسیع ہے۔ ان کی ایک نظم ہے "کثرت" ہے۔ اس طرح کی نظم

شاید ہی اردو ادب میں کوئی ملے۔ ایک لفظ سے کیا کمال پیدا کیا ہے یہ احمد علوی کی ذہنی اختراع ہے اسی طرح کی شاعری احمد علوی کو طنز و مزاح کا بے تاج بادشاہ بناتی ہے۔ لطیفے منظوم کرنا آسان ہے ساغر خیاؔمی کے یہاں کثرت سے ایسی شاعری ملتی ہے جن کی اساس لطیفوں پر رکھی ہوئی ہے۔ بلکہ وہ اس بات کا اعتراف بھی کرتے تھے کہ کہ لطیفہ ہی نظم کرتے ہیں تضمین یا تحریف مرحوم نے کبھی نہیں کی لیکن احمد علوی کی نظم کثرت واقعی اردو ادب میں اضافے کے طور پر تسلیم کی جانی چاہیئے۔ آپ یہ نظم پڑھیے آپ کو میری بات پر یقین ہو جائے گا کہ احمد علوی کے روپ میں اردو کو کتنا بڑا مزاح کا شاعر مل گیا ہے۔ احمد علوی کا نشتری لہجہ کسی کو بھی بخشنے کا کام نہیں کرتا۔ ان کے طنزیہ تیروں میں فنّی مہارت ہوتی ہے۔ کس چابکدستی سے مضمون پر اپنی پکڑ بناتے ہیں کس طرح وہ دکھتی رگ پر ہاتھ رکھتے ہیں، عام شاعر یا عام ناقد کا وہاں تک پہنچنا محال ہے، اپنے ہم عصر پاپولر میرٹھی کو ان کے تخلص کی رعایت سے کیسے نشانہ بناتے ہیں کہ -برجستہ واہ واہ نکل جاتی ہے۔

شعر کہنے کی ضرورت ہی نہیں
شعر کہنے سے بھلا کیا پاؤ گے
صرف کچھ ٹھمکے لگانا سیکھ لو
خود بخود تم پاپولر ہو جاؤ گے

یہاں احمد علوی ایک تیر سے دو شکار کر رہے ہیں، ایک طرف ان کا نشانہ ان کا حریف پاپولر ہے تو دوسری طرف مشاعروں اور سامع کا گرتا معیار ہے، جہاں آج صرف چند گانے بجانے والوں کا بول بالا ہے۔ اگر مندرجہ بالا قطعے میں یہ خوبی نہ ہوتی تو یہ قطعہ مہمل بن کر رہ جاتا، جاوید اختر کو راجیہ سبھا کی رکنیت ملنے پر احمد کا قطعہ کمال کا ہے۔

راجیہ سبھا کی مل گئی جاوید رکنیت
ترکش کا اپنے ٹوٹا ہوا تیر ہو گئے
ہو تم کو مبارک یہ سیاست میں ترقی
چمچے تھے پہلے اور اب کفگیر ہو گئے

"ترکش" جاوید اختر کے مجموعہ کلام کا عنوان ہے۔ یا پھر شاہی امام پر وہ لافانی طنز اس طرح کرتے ہیں جس کی کاٹ ممکن ہی نہیں۔ سب کو علم ہے شاہی امام سرگرم سیاست میں حصہ لیتے رہے ہیں اور اس کے بدلے اربابِ اقتدار سے مراعات بھی ملتی رہی ہیں۔ شاہی امام وی وی آئی پی کلچر کے دلدادہ ہیں اسی پس منظر میں یہ قطعہ احمد علوی کی ذہانت کا آئینہ دار ہے۔

ملّت کے راہبر کو ہے ملّت سے ہی خطرہ
ڈرتے ہوئے نکلتے ہیں ہر روز راہ میں
اللہ کی اماں پہ بھروسہ نہیں رہا
شاہی امام اب ہیں پولس کی پناہ میں

زعفرانی بریگیڈ کے مراٹھا لیڈر راج ٹھاکرے پر وہ قلم اٹھاتے ہیں اور بڑے مزے کی چٹکی لیتے ہیں، آپ بھی اس قطعے کا لطف اٹھایئے۔

چھوڑ دے چھوڑ دے بڑبولا پن
کچھ رکھا کر زبان پر قابو
کیا مصلّہ بچھاؤں تیرے لئے
ایک رکعت کا بھی نہیں ہے تو

احمد علوی کا یہ قطعہ مزاح کی عمدہ مثال ہے، یہاں تبسم زیر لب نہیں آپ کو کھل کر

قہقہہ لگانا پڑے گا۔

واسطے زلفوں کے رہتے تھے ہمیشہ فکر مند
پھر اچانک یہ ہوا زلفوں پہ اترانے لگے
دو سگی بہنوں سے دو گنجوں کی شادی ہو گئی
اور یہ بے زلف بھی 'ہم زلف' کہلانے لگے

یا

بند آنکھوں سے کسی پہ بھی بھروسہ نہ کرو
ہر کوئی شہر میں ہے آنکھ دکھانے والا
پل میں ہو جاتی ہے انگلی سے انگوٹھی غائب
دوست ہوتا نہیں ہر آنکھ ملانے والا

احمد علوی کے مزاحیہ کلام کا اگر گہرائی سے مطالع کیا جائے تو ایک بات ابھر کر سامنے آتی ہے وہ یہ ہے کہ وہ اپنے کلام کو بھاری بھرکم ادبی الفاظ سے بوجھل نہیں کرتے۔ وہ عام بول چال کے الفاظ میں شاعری کرتے ہیں جس سے قاری تک ان کی ڈائریکٹ اپروچ بنتی ہے اور وہ اپنی بات آسانی سے دل میں اتار دیتے ہیں۔ لیڈر اور ان کے کارنامے احمد علوی کی شاعری کے خاص موضوع ہیں اس قطعے میں کس سلیقے سے آج کے لیڈران کے قول و فعل کی عکاسی کی ہے۔ ملاحظہ ہو

ہاتھ کو رکھا تھا دستانے میں قید
احتیاط اتنی تھی پھر بھی کھو گئیں
ایک لیڈر سے ملایا تھا یہ ہاتھ
ہاتھ سے دو انگلیاں کم ہو گئیں

یہ انداز تو کمال کا ہے۔

سازش ضرور کاتبِ فر فر رقم کی ہے
گھٹیا بنا کے رکھ دیا کیسے گریٹ کو
نکتہ بس اک لگایا بیوروکریٹ میں
بیوروکرپٹ کر دیا بیوروکریٹ کو

ان چند مثالوں سے ثابت ہو جاتا ہے کہ دلاور فگار ساغر خیامی رضا نقوی واہی کی روایت کو آگے بڑھانے کی بھرپور صلاحیت احمد علوی میں موجود ہے۔ "طمانچے" اور "پین ڈرائیو" جیسی کتابوں نے احمد علوی کو اردو ادب میں جو مقام عطا کیا ہے اس سے لگتا ہے کہ اردو کے طنزیہ مزاحیہ ادب سے فراموش نہیں کیا جا سکتا احمد علوی آج اردو میں ظریفانہ ادب کے معتبر دستخط بن چکے ہیں۔

٭٭٭

سعید اختر اعظمی

احمد علوی کی ظرافت گردی

ایک زمانہ تھا جب بد معاش اور شر پسندوں کی تعداد اتنی تھی کہ انگلیوں پہ بآسانی گنا جاسکتا تھا۔ وقت کے ساتھ اس دائرے میں وسعت ہو گئی ہے تو لیڈر، ٹیچر، ڈاکٹر سے لیکر سخنور بھی بد عنوانی کی بہتی گنگا میں ڈبکی کلانے میں فخر محسوس کرنے لگے ہیں، تمام اہلِ علم اور صاحبِ ہنر حضرات کی طرح شاعر بھی اپنی روش کو چھوڑ کر اس کجروی کو پسند کرتے ہیں۔ مشاعروں میں بچشم خود دیکھ لیجئے وہ شاعر جو اچھل کود نہ مچائے چیخ و پکار سے خود کو ثابت نہ کرے اور ترنم میں راگ بھیروی اور راگ درباری کے عکس کو شامل نہ کرلے تو عوام بھی اس کو ہاتھوں ہاتھ نہیں لیتے۔ حیرت کی بات یہ ہے کہ وہ اشعار جو محفلِ سخن میں شاعر کے آہنگ یا شاعرات کی ناز و ادا سے داد و تحسین پاتے ہیں کتابوں کے اوراق میں جگہ پاکر قاری کی راہ تکتے رہ جاتے ہیں۔ احمد علوی کی شاعری کبھی سنی نہیں مگر انہیں پڑھنے کا موقع ملا، اسے یوں بھ کہہ سکتے ہیں کہ دلاور فگار کو کبھی سنا نہیں لیکن اتنا پھ لیا کہ کبھی کبھی ایسا لگتا ہے مزاح نوردی کرتے ہوئے ہر طرف انہیں کا جلوہ ہے۔

سرزمینِ اسمٰعیل وحفیظ سے تعلق رکھنے والے "احمد علوی" نے سنجیدہ شاعری ضرور کی ہو گی، بالخصوص غزلیں کہی ہوں گی جن میں رومانیت انتہا پر ہو گی، لیکن چونکہ وہ پردہ خفا میں ہے اس لئے اسے بے نقاب کرنا مناسب بھی نہیں ظاہر ہے اس کو عین ممکن ہے مزاح کے بُت کا قد کوتاہ ہو جائے۔ جب شاعر نے اس پہلو سے دامن بچا لیا تو بھلا کسی

دوسرے کو کیا حق ہے کہ وہ ناحق مخفی پھٹے میں ٹانگ اڑاتا پھرے۔ مسکراہٹ، قہقہہ، تبسم، اور اس وصف میں شامل تمام چیزیں ایک نعمت ہیں اسے تذکیر میں نعمتِ عظیم کہیں یا تانیث نعمتِ عظمیٰ اہمیت اپنی جگہ مسلم رہے گی۔احمد علوی نے اس حوالے سے کیا پتے کی بات کہی ہے۔

جس طرح غنڈوں کے غنڈے ہیں رفیق
دوست ہوتے ہیں شریفوں کے شریف
سب کی قسمت میں نہیں ہیں قہقہے
بس ظرافت کو سمجھتے ہیں ظریف

انہوں نے اگرچہ ظرافتِ طبع کے لئے شعر و سخن کو مرکز و محور بنایا ہے، لیکن معاشرے میں رائج سیاست داری اور بد عنوانی کو دیکھ کر میدان بدلنے کی جانب رغبت دلاتے ہیں۔

شعر کہنے سے کچھ نہیں ہو گا
کچھ سیاسی مقام پیدا کر
چاہتا ہے وزیر بننا اگر
غنڈہ گردی میں نام پیدا کر

لیڈروں کے حوالے سے یہ رنگ بھی دیکھیں۔

ان میں اچھے بھی لوگ ہوتے ہیں
سب یقیناً برے نہیں ہوتے
ایک لاٹھی سے سب کو مت ہانکو
سارے لیڈر گدھے نہیں ہوتے

اس نکتے سے اختلاف ممکن ہے کہ عہد گذشتہ میں بھی گیہوں میں گھن کی طرح تعداد کم تھی لیکن اب گندم کی تعداد میں کمی آتی جارہی ہے جب کہ گھن کی کثرت ہے۔ لیڈران کی صف میں ایمانداری، شرافت، اور صداقت کی تلاش بھوسے کے ڈھیر میں سوئی کو ڈھونڈ نکالنا ہے۔ شاعر کو اگر ایک فی صد بھی اس قبیلے میں فلاح وخیر کی امید ہے تو اس کا حسن ظن ہی کہا جائے گ۔ ورنہ یہ صنف تو قوم کے رہنماؤں میں عنقا ہوتی چلی جا رہی ہے قانون کے رکھوالے کہلانے والوں نے عوام میں جو ہیبت قائم کر رکھی ہے اور جس طرح زورِ بازو کے بجائے طاقت عصا دکھلاتے ہیں اس سے بے خطا بھی مجرم بن جانے میں عافیت محسوس کرتے ہیں۔

یہ اثر ہے پولس کے ڈنڈے میں
شیر بکری سا ممّیاتا ہے
آکے تھانے میں ایک گھوڑا بھی
نام اپنا گدھا بتاتا ہے

شیر، بکری، گدھے گھوڑے کی گرج اور رینگنے سے بہتر مشاعروں کو سننا بلکہ گوارا کر لینا ہے۔ استاد شعراء کا کلام نئی نسل کی سمجھ میں نہیں اا تا تو ادب پرور حضرات زبان و ادب کی گھٹری سر پہ لیکر گلی گلی آوازیں لگانے والوں کو ردیف قافیہ کا تصادم اور لا معنی فکر پسند نہیں۔ بیاض کے اوراق سیاہ کرنے والوں کو زبان میر و غالب سے واسطہ صرف کاروباری ہے۔ اس لئے اردو میں لکھنا گوارا بس دیوناگری یا رومن لکھ کر اس زبان کی خدمت کر لی جاتی ہے۔ احمد علوی اس المیے پر قائم کناں ہیں "شعر کہتا ہے کوئی اور شعر پڑھتا ہے کوئی" کو دیکھ کر وائے افسوس کے علاوہ کچھ نہیں کر سکتھوہ علی الاعلان کہتے ہیں

چھوڑیے اردو انہیں آتی ابھی ہندی نہیں

شعر اردو میں لکھیں ان پر یہ پابندی نہیں

شعراء کی طرح ریسرچ پر بھی ان کا گہرا رنگ ہے، محققین کی ڈگریاں بھی صرف کاغذی انبار ہیں وہ اس سسلے میں کہتے ہیں۔

غیر مستند ہوتا میر کا بھی فرمایا
پھر تو میری نظروں میں داغ بھی گدھا ہوتا
گر کوئی دلا دیتا ڈاکٹریٹ کی ڈگری
پھر تو قبر اردو کی میں بھی کھودتا ہوتا
دیوناگری لکھ کر بنتا شاعر اعظم
شین کا تلفّظ گر ٹھیک کر لیا ہوتا

اسی پر بس نہیں وہ صحافیوں کو بھی نشانہ بنانے سے نہیں چوکتے۔ باعث حیرت یہ ہے کہ وہ اس خامی کو اپنے سر لیکر جو کچھ کہہ جاتے ہیں اس سے واضح ہو جاتا ہے کہ پرنٹ اور الیکٹرونک میڈیا میں حقائق کو بے نقاب کرنے والے کتنے پانی میں ہیں۔

کانگریسی، بھاجپائی، ہم نہ کمیونسٹ ہیں
ہم نہ شاعر اور نہ لیکھک اور نہ پامسٹ ہیں
اپنی اردو ہے غلط انگلش میں بھی مسٹیک ہے
پگڑیاں سب کی اچھالیں ہم وہ جرنلسٹ ہیں

سوسائٹی کے یہ ناسور ایسے ہیں جن کا آپریشن اور پوسٹ مارٹم ضروری ہے۔ احمد علوی اپنی شاعری کے توسط سے اگر یہی فریضہ احسن انجام دے رہے ہیں، تو یقیناً اسے فالِ نیک قرار دیا جاسکتا ہے۔ ممکن ہے اس سے انقلاب آجائے ور دامن غیر کے داغ کے بجائے اپنے تار تار گریباں کی بخیہ گری کی فکر ہو۔ اسے ادبی غنڈہ گردی فکری دہشت

گردی کا نام بھلے ہی دیا جائے لیکن میری نظر میں یہ صرف ظرافت گردی ہے جس کا سہارا لیکر انہوں نے دیگر ظرافت نگاروں کے مشن کو آگے بڑھانے کی سعی کی ہے، خدا کرے کہ وہ اس میں کامیاب ہوں۔

٭٭٭

شہباز ندیم ضیائی

منظوم تبصرہ

طمانچے کی صدا

یہ رعونت، یہ غرور و تمکنت یہ طنطنہ
یہ جسارت اور یہ عزم و عمل یہ حوصلہ

ناقدِ دوراں کے یہ تیور تو دیکھیں اہلِ بزم
چاہتا ہے منتشر ہو محفلِ اجراء کا نظم

طنز یہ علوی پہ کرتا ہے بڑی خوبی کے ساتھ
جیسے عاشق کھیلتا ہو حسنِ محبوبی کے ساتھ

قد مناسب گندمی رنگ اور بے ترتیب دانت
پیٹھ سے ہے پیٹ ہم رشتہ کہ ہے خالی ہر آنت

ان کی پیشانی ہے یا بستر کوئی سلوٹ زدہ
یا کوئی بیمار اجل کے خوف سے کروٹ زدہ

میر کی دلّی میں دیکھو جس قدر بے کار ہیں
سارے ان کے ہم قدم ہیں سارے ان کے یار ہیں

سر پھرے لوگوں کی صحبت میں رہا کرتے ہیں یہ
قاسمی کی دوستی کا دم بھرا کرتے ہیں یہ

شمس رمزی، انور و اقبال، ہم رفتار ہیں
ان کے سر کی محترم فاروق بھی دستار ہیں

اور اک شہباز بھی ہے حسنِ اسود کی مثال
جس کا حالِ زار ہے بوسیدہ مرقد کی مثال

اُڑتا رہتا ہے فضاؤں میں بگولوں کی طرح
دیدۂ دشمن میں چبھتا ہے جو شولوں کی طرح

یعنی جو بھی یار ہے ان کا نہایت تیز ہے
ہاں جسے ہم گائے کہہ سکتے وہ پرویز ہے

اور بھی کچھ حلقۂ احباب میں اشخاص ہیں
کچھ گویئے کچھ ڈرامائی ہیں کچھ رقّاص ہیں

چھوڑیے اس قصۂ پارینہ میں رکھاّ ہے کیا
اب جو کہنے والا ہوں وہ غور سے سنیے ذرا

ایک مصرعہ ہے زباں پہ میری سکتے کی طرح
ہے یہ میری عاجزی بھی یعنی نکتے کی طرح

اک عدد مجموعہ جو آیا طمانچے کی طرح
کاغذی اک پیرہن ہے یعنی ڈھانچے کی طرح

عرض کرتا ہوں اگر ہو خیر میری جان کی

احمدِ علوی پہ ہے یہ مہر ناصر خان کی

"بے پروف"اک نظم ہے یا جلوۂ روئے جمال
جس سے ہوتے ہیں عیاں حسنِ تخئیل کے کمال

صرفِ بے جا بھی ہے لفظوں کا سخن پیرائے میں
جس طرح بیمار کوئی زندگی کے سائے میں

نشّہِ عشرت میں پل پل مست لہراتے ہوئے
طے سفر فن کا کیا ہے، ٹھوکریں کھاتے ہوئے

کی تھی جس نے جنبشِ لب آج حق گوئی کے ساتھ
جس نے فرمایا تھا یہ محفل میں گستاخی کے ساتھ

اک طمانچہ اس پہ برجستہ جڑا ہے پڑاخ سے
جھڑ گئیں ہیں ساری کلیاں چشمِ نم کی شاخ سے

کام یہ جس دن لیا ہے جرات بے باک سے
خون کی پچکاریاں چھوٹی ہیں منھ کے چاک سے

دیکھ کر شہباز نے نقشہ یہ محفل میں کہا
دیر تک گونجے گی علوی کے طمانچے کی صدا

***